PraxisWissen

Beziehungsgestaltung mit suizidgefährdeten Menschen

Psychiatrie Verlag

MICHAEL EINK, Jahrgang 1957, Diplom-Pädagoge, Dr. der Humanbiologie, Professor für den Studiengang Sozialwesen der Hochschule Hannover, Schwerpunkt Sozialpsychiatrie. Zuvor langjährige psychiatrische Praxiserfahrungen in Wohnheim und Betreutem Wohnen sowie als Leiter einer Rehabilitationsstation an der Medizinischen Hochschule Hannover tätig.

HORST HALTENHOF, Jahrgang 1954, Prof. Dr. med., seit Juli 2015 im Ruhestand. Zuvor Chefarzt an zwei psychiatrischen Kliniken in Sachsen; bis Anfang 2006 Oberarzt und stellvertretender Leiter der Abteilung Sozialpsychiatrie und Psychotherapie an der Medizinischen Hochschule Hannover.

PraxisWissen

Michael Eink und Horst Haltenhof

Beziehungsgestaltung mit suizidgefährdeten Menschen

Psychiatrie Verlag

Die Reihe **Praxis**Wissen wird herausgegeben von:
Michaela Amering, Andreas Bechdolf, Michael Eink,
Caroline Gurtner, Klaus Obert, Tobias Teismann

Michael Eink und Horst Haltenhof
Beziehungsgestaltung mit suizidgefährdeten Menschen
PraxisWissen 14
Neuausgabe 2022
ISBN: 978-3-96605-192-7
ISBN E-Book (PDF): 978-3-96605-193-4
ISBN E-Book (EPUB): 978-3-96605-194-1
Bibliografische Information der Deutschen Nationalbibliothek
Die Deutsche Bibliothek verzeichnet diese Publikation in der Deutschen Nationalbibliografie; detaillierte bibliografische Daten sind im Internet über http://dnb.d-nb.de.

Lektorat: Uwe Britten, Eisenach
Umschlagkonzeption und -gestaltung: studio goe, Düsseldorf
Typografiekonzeption und Satz: Iga Bielejec, Nierstein
Druck und Bindung: Westermann Druck Zwickau

Suizidalität zum Thema machen

Insgeheim ist das Thema »Suizidalität« für viele Psychiater und Psychologinnen, für Sozialarbeiter und Pflegende mit großen Ängsten verbunden. Wenn der Klient einer psychiatrischen Einrichtung verzweifelt die Auswirkungen der Erkrankung auf seine Lebensentwicklung bilanziert und für die Zukunft jede Hoffnung auf Veränderung verloren hat, dann sind Gedanken naheliegend, das unglückliche Leben selbst zu beenden. Die Konfrontation damit können viele professionelle Helferinnen und Helfer nur schwer ertragen und leiden massiv unter dem Druck der Verantwortung.

Was passiert, so die bange Frage, wenn der Klient seine Gedanken in die Tat umsetzt? Werde ich nach dem Suizid von Angehörigen, vom Chef kritisiert, von der Staatsanwaltschaft belangt? Schlimmer noch: Würde ich mit dem Gefühl leben können, dass ich den Suizid möglicherweise hätte verhindern können, wenn ich nur anders gehandelt hätte?

Bei Fortbildungen und Supervisionen haben wir solche Zweifel von Kolleginnen und Kollegen unzählige Male gehört. In Fachbüchern wie auch in der Alltagspraxis scheint es für eine Auseinandersetzung mit der Perspektive der Mitarbeiter jedoch wenig Raum zu geben, die Äußerung von Unsicherheit droht als »unprofessionell« abqualifiziert zu werden. Manch »allergische« Reaktion auf das Thema der Selbsttötung mag auch in unverarbeiteten eigenen Sinnkrisen oder Suizidgedanken im Leben von professionell Helfenden gründen, was heftige Abwehrreaktionen nachvollziehbar macht.

Durch diesen Druck belastet, drohen Mitarbeiterinnen und Mitarbeiter wahlweise in die Allmachts- oder in die Ohnmachtsfalle zu geraten. Im ersten Fall herrscht ein Selbstverständnis vor, nach dem ein professionell kompetenter Umgang mit suizidalen Klienten jede Selbsttötung ausschließen müsse (wenn sie sich doch ereignet, dann muss es die »Schuld« des Mitarbeiters sein). Im zweiten Fall lebt der Helfer mit einem Ohnmachtsgefühl, nach dem letztlich kein Mensch am Suizid gehindert werden kann, was das eigene Engagement überflüssig erscheinen lässt. Zwischen diesen weitverbreiteten Extremhaltungen bewegt sich ein professionell kompetenter Umgang mit suizidgefährdeten Menschen.

Doch, wir müssen über Suizidalität sprechen! Wir müssen im kollegialen Kreis unsere Ängste ausdrücken dürfen, denn nur so kommen wir zu einem wirklich professionellen Umgang mit suizidalen Menschen. Unser Buch richtet sich deshalb an Mitarbeitende aller Berufsgruppen im Sozial- und Gesundheitswesen, besonders an Kolleginnen und Kollegen in psychiatrischen Einrichtungen. Wir wollen sowohl durch Informationen über Hintergründe als auch über Handlungsmöglichkeiten bei suizidalen Krisen eine Orientierung für den Umgang mit diesen Klienten geben. So werden wir sicherer in unserer Einschätzung von Suizidalität und bleiben in unserer Arbeit psychisch stabil auch dann, wenn »es« doch passiert.

Michael Eink und *Horst Haltenhof*

Suizidverhütung zwischen Anmaßung und Verpflichtung

In unserer Kultur gibt es heute nur noch wenige Themen, die in ähnlicher Weise Beklemmung und Sprachlosigkeit auslösen wie ein Suizid. Schon allein das Thema »Tod« wird gemeinschaftlich beharrlich verdrängt. So hat auch heute noch der berühmte Satz des Lukrez für viele Menschen Gültigkeit: »Der Tod geht uns nichts an. Solange wir existieren, ist der Tod nicht da, und wenn der Tod da ist, existieren wir nicht mehr.« Die Verdrängung des Todes im Lebensalltag gilt insbesondere gegenüber dem Thema »Selbsttötung«.

Tabuisierung als gesellschaftliche Reaktion auf Selbsttötungen hat eine ebenso lange Tradition wie Ächtung und Bestrafung derer, die Suizidversuche unternommen haben. Im England des 19. Jahrhunderts etwa konnten Bürger wegen eines Suizidversuchs mit dem Tode (!) bestraft werden. Dort ist der Suizidversuch erst seit 1961 nicht mehr strafbar. Im deutschen Recht wurde die Straflosigkeit des Suizids zwar schon in der Mitte des 19. Jahrhunderts beschlossen, dennoch wurden noch vor wenigen Jahrzehnten in manch ländlicher Region Deutschlands einem »Selbstmörder« ein christliches Begräbnis und eine Ruhestätte auf dem Friedhof verweigert.

Diese moralisierend-feindselige Haltung findet im Begriff »Selbstmord« seinen sprachlichen Ausdruck, da unter »Mord« ja ein besonders niederträchtiges Handeln verstanden wird. Wir meinen deshalb, dass Begriffe wie »Selbstmord«, »Selbstmordgedanken« etc. im Rahmen professioneller Hilfebeziehungen nicht verwendet werden sollten.

Ebenso problematisch ist aus unserer Sicht allerdings der Begriff »Freitod«, der schönfärberisch nach »Freiheit« klingt und damit die Gefühle von Hoffnungslosigkeit und Verzweiflung verleugnet, unter denen Menschen in suizidalen Krisen leiden. Selbst wenn es nüchtern reflektierte Suizide, sogenannte rationale Suizide, geben mag, so sind wir innerhalb wie außerhalb der psychiatrischen Versorgung in der Regel mit Menschen konfrontiert, die sich in als dramatisch erlebten Krisen befinden und die zumeist eher »blind« vor Schmerz und Verzweiflung sind als »frei«. Etwa neun von zehn Überlebenden eines Suizidversuchs äußern Freude und Erleichterung über das Scheitern ihrer Verzweiflungstat.

Als neutrale, das heißt nicht wertende Begriffe empfehlen wir Suizid (lateinisch: sui caedere – sich töten), Suizidversuch, Suizidgedanken etc. oder entsprechend Selbsttötung.

Der Vergleich mit anderen Todesursachen macht deutlich, wie verbreitet Suizide in unserer Gesellschaft sind. Die rund 700 Opfer von Mord und Totschlag jährlich in Deutschland sind deutlich häufiger Thema privater und öffentlicher Diskurse als die ca. 9.000 bis 10.000 Menschen, die sich in den letzten Jahren das Leben nahmen. Vielleicht brauchen wir neben den intensiven Diskussionen, wie wir die Zahl von rund 3.000 Verkehrstoten in Deutschland senken können, eine ähnliche gesellschaftliche Diskussion in Bezug auf Suizidprävention.

Das große Tabu

Mitarbeiterinnen und Mitarbeiter psychosozialer Einrichtungen werden unweigerlich mit dem Thema »Suizidalität« konfrontiert, weil die Suizidrate unter psychisch Kranken besonders hoch ist.

In der Praxis haben wir dennoch oft den Eindruck, dass sich die gesellschaftliche Tabuisierung auch im therapeutischen Alltag abbildet. So sind im Kreis psychiatrisch Tätiger immer wieder die folgenden »Hunde-Weisheiten« zu hören:

»Bellende Hunde beißen nicht« ist die erste dieser Weisheiten. Diesem Mythos zufolge setzen diejenigen, die über ihre Suizidgedanken *sprechen*, dies nie in Handeln um. Umgekehrt müsse man davon ausgehen, dass diejenigen, die sich töten, dies ohne Ankündigung (ohne zu »bellen«) tun. In Wahrheit kündigen die meisten Menschen ihren Suizid oder Suizidversuch im Vorfeld an, sodass wir gut daran tun, dies immer ernst zu nehmen.

Die zweite weitverbreitete »Hunde-Weisheit« lautet: »Man soll keine schlafenden Hunde wecken.« Das meint, man solle niemanden auf dumme Gedanken bringen. Im Zweifelsfall sollten wir demnach einen Klienten besser nicht nach Suizidgedanken fragen, um nicht erst dadurch suizidale Handlungen zu provozieren. Auch diese Vorstellung ist absurd. Wer will ernsthaft behaupten, ein Mensch könne sich deshalb töten, *weil* er von jemandem nach Suizidgedanken gefragt worden ist? In Wahrheit reagieren Menschen, die man nach Suizidgedanken fragt, entweder abwehrend (übrigens selten wütend) oder bestätigend. Im zweiten Fall spüren wir in der Regel eine Erleichterung beim Betreffenden darüber, endlich über diese quälenden Gedanken sprechen zu können.

Warum greifen manche Mitarbeiter psychiatrischer Einrichtungen dennoch immer wieder auf diese Mythen zurück und lassen Klienten und Klientinnen spüren, dass es eher unerwünscht ist, über Suizidgedanken zu sprechen? Vielleicht vor allem aus Unsicherheit und Furcht.

Aus der Perspektive professionell Tätiger gibt es »gute« Gründe dafür, das Thema »Suizidalität« eher zu übersehen:

- Ich spreche nicht gern über Tod und Sterben, weil ich das Thema selbst beklemmend finde.
- Ich habe Angst, dass ich mich ohnmächtig fühle gegenüber den Suizidgedanken der Klienten.
- Nach einem Suizid müsste ich vielleicht rechtliche Konsequenzen fürchten.

- An der Stelle dieses Klienten würde ich möglicherweise auch nicht mehr leben wollen.
- Für mein eigenes Leben könnte ich auch nicht klar einen Sinn benennen.

Selten thematisiert wird in Fachkreisen die Erkenntnis, dass unter Angehörigen helfender Berufe die Suizidalität gegenüber dem Bevölkerungsdurchschnitt drastisch erhöht ist. So zeigen etwa englische Untersuchungen, dass 2 Prozent aller Krankenschwestern schon einmal einen Suizidversuch unternommen haben, aber 14 Prozent der Psychiatrie-Krankenschwestern von solchen Erfahrungen berichten. Als Auslöser werden auch berufliche Belastungen diskutiert, etwa die Diskrepanz zwischen hohen psychischen Anforderungen und Verantwortungsdruck bei faktisch geringer Entscheidungsfreiheit im Rahmen der beruflichen Hierarchie. Dem scheint allerdings zu widersprechen, dass auch Psychiater ein besonders hohes Suizidrisiko haben. > Supervision, Seiten 141 f.

Es mag sein, dass sich in psychiatrischen Einrichtungen (auch auf der Seite der Mitarbeitenden!) mehr und besonders sensible, dünnhäutige Menschen finden lassen als in anderen gesellschaftlichen Bereichen. Die Erfahrung eigener Lebenskrisen disqualifiziert aus unserer Sicht dennoch in keiner Weise für die Rolle als professionell Helfende. Allerdings ist eine ehrliche Bearbeitung der eigenen Erfahrungen und Einstellungen zum Suizid notwendiger Bestandteil professioneller Handlungskompetenz. Wir empfehlen allen Mitarbeiterinnen und Mitarbeitern die Auseinandersetzung mit Fragen, wie sie Wolfram Dorrmann (2009) an Psychotherapeuten richtet:

- Habe ich Angst vor dem Thema »Tod und Selbsttötung«?
- Hatte ich schon mal den Gedanken, mich umzubringen?
- Wie würde ich es tun bzw. wie hatte ich es geplant?
- Mit wem habe ich darüber gesprochen?
- Wen hätte es am meisten bzw. am wenigsten getroffen?
- Was könnte mich hindern, mein Leben zu beenden?

- Hat mich schon mal
  ein Patient überzeugt, dass Suizid für ihn besser ist?
- Fühle ich mich fachlich in der Lage, mit Klienten, die akut suizidgefährdet sind, zu arbeiten?
- Werde ich mir in einem Fall akuter Suizidalität Hilfe (Supervision) holen oder den Patienten weitervermitteln, wenn ich mich in meinen Kompetenzen und Fähigkeiten überfordert fühle?
- Sollten Therapeuten eine bewusste Entscheidung für Selbsttötung respektieren?
- Welche Gründe könnte es
  für mich selbst geben, mein Leben zu beenden?

Die Reflexion der Haltung zu einem eigenen Suizid schützt professionelle Helfer vor einem allzu aufgeregten Umgang mit der Thematisierung durch Klienten.

Dürfen wir Suizide verhindern?

Neben der Furcht vieler Mitarbeiter psychiatrischer Einrichtungen vor dem Thema »Suizidalität« besteht häufig eine Unsicherheit in Bezug auf die (moralische) Legitimation des eigenen Handelns, wenn es um Leben und Tod geht. Habe ich durch meine berufliche Qualifikation überhaupt das Recht, einen Menschen von der Selbsttötung abzuhalten, zu der er sich vielleicht nach reiflicher Überlegung entschieden hat? Ist es nicht anmaßend, anderen das Recht zu einer Entscheidung über ihr eigenes Leben abzusprechen?

Ausräumen ließen sich solche Selbstzweifel etwa mit einer Haltung, nach der jede Form von Suizidalität dem »gesunden Selbsterhaltungstrieb« des Menschen widerspricht und kein zurechnungsfähiger Mensch sich selbst töten will. Eine solche Haltung hat etwa Erwin Ringel (2002). Der Wiener Psychiater und Psychoanalytiker war in den Fünfzigerjahren mit dieser viel zitierten Aussage bekannt: »Der Selbstmord ist der Abschluss einer krankhaften psychischen Entwicklung.« Dass Ringel selbst diese Verbannung des Suizids in den Bereich von Krankheitsentwicklungen später relativiert hat, wurde übrigens kaum zur Kenntnis genommen.

Wenn also alle Suizidhandlungen (versuchte wie vollendete Selbsttötungen) oder gar schon Gedanken und Fantasien an einen eigenen Suizid »krankhaft« wären, dann könnten die professionellen Helferinnen und Helfer ihr Handeln leicht begründen: Der kranke Mensch muss von mir vor sich selbst geschützt werden. So verlockend eindeutig dies für uns Helfende auch klingen mag, die unterschiedlichen Formen existenzieller Verzweiflung und ihre individuellen Hintergründe lassen sich damit nicht erfassen. Wir sind davon überzeugt, dass der Suizid eine menschliche Handlungsmöglichkeit darstellt, die nicht notwendigerweise mit Depressionen oder anderen Krankheiten verbunden ist. Thomas Macho hat in seinem Werk *Das Leben nehmen* (2017) nachgezeichnet, wie sich in der Moderne der gesellschaftliche Umgang mit dem Suizid deutlich gewandelt hat.

Aus Untersuchungen zu Suizidhandlungen psychisch Kranker wissen wir, dass die größte Gefahr nicht auf dem Höhepunkt der psychischen (depressiven, psychotischen etc.) Krise droht, sondern eher zu Beginn und später, wenn es dem Betroffenen wieder besser geht. Die Haltung zum Suizid ist häufig im inneren Erleben von großer Ambivalenz geprägt, wie etwa Thomas Melle (2016) anschaulich macht: »Ich hatte Angst. Ich wollte mich vor keine Bahn werfen. Ich wollte auch nirgendwo hinunterspringen, um als Blutmatsch zu enden […]. Aber weg sein wollte ich sehr, […] vielleicht würde es doch noch einmal wiederkommen – das Leben, das Gefühl davon?«

Ist die Selbsttötung demnach doch als »Freitod« anzusehen, als Ausdruck menschlicher Reflexions- und Entscheidungsfreiheit, die nach Jean Améry (2008) von anderen grundsätzlich akzeptiert werden muss?

Richtig erscheint uns an dieser Haltung immerhin, dass Suizidalität nicht als Krankheit verstanden wird, die behandelt werden muss. Stattdessen sehen wir uns als psychiatrisch Tätige mit einem dramatisch zugespitzten Maß an Verzweiflung und Hoffnungslosigkeit konfrontiert, für dessen Verständnis der Krisenbegriff hilfreicher erscheint als der Krankheitsbegriff.

Die Konfliktthemen, die uns dabei begegnen, sind so vielfältig wie menschliche Lebensverläufe. Albert Camus hat dies mit seinem viel zitierten Satz so ausgedrückt: »Was als Sinn des Lebens bezeichnet wird, gibt auch einen vortrefflichen Grund zum Sterben ab.«

Als professionelle Helfer dürfen und wollen wir uns allerdings von subjektiv noch so »vortrefflichen« Gründen nicht lähmen lassen. Wer sich von der liberal klingenden »Freitod«-Logik verunsichert fühlt (»Über sein Leben muss doch jeder selbst entscheiden«), sollte darüber nachdenken, ob er sich in seinem Handeln davon auch bei einem Menschen, der ihm viel bedeutet, leiten lassen könnte. Bei Supervisionen und Fortbildungen haben wir zu dieser Fragestellung häufig Folgendes gehört:

Bei der suizidalen Krise eines nahestehenden Menschen, etwa eines Freundes, ...

- ... wäre ich nicht desinteressiert oder neutral, sondern engagiert beteiligt;
- ... würde ich die Möglichkeit einer Selbsttötung nicht als Sünde oder Krankheit abtun, sondern als Ausdruck einer schweren Krise ernst nehmen;
- ... würde ich statt Tabuisierung Gesprächsbereitschaft zeigen und versuchen, den Kontakt zu halten;
- ... würde ich die Tatsache, dass ich von der Suizidalität erfahren konnte, als Chance sehen, mit dem Betroffenen nach Alternativen zu suchen.

Wer in seinen Arbeitszusammenhängen einer Person mit suizidalen Tendenzen begegnet, sollte sich dem Thema engagiert zuwenden.

Ethische und rechtliche Aspekte von Suizidalität und Suizidprävention

Die Suizidalität der Menschen, die uns im psychiatrischen Alltag begegnen, ist meistens Ausdruck momentaner krankhafter Störungen ihres Befindens und Erlebens. Ihre Suizidgedanken und suizidalen Handlungen werden durch schwere depressive Verstimmungen, wahnhafte Bedrohungen, zur Selbstzerstörung auffordernde Halluzinationen oder emotionale Ausnahmezustände ausgelöst, die auch ihre Urteils- und Handlungsfähigkeit und damit ihren freien Willen beeinträchtigen. Aufgrund dieser Erfahrung sollten wir jedoch nicht die Schlussfolgerung ziehen, dass Suizidalität immer unmittelbare Folge von psychischen Krankheitszuständen oder Krisen ist.

RATIONALER SUIZID Der Entschluss, das eigene Leben zu beenden, kann durchaus auch Ergebnis einer durch psychische Störungen unbeeinträchtigten Willensbildung sein. Solche freiverantwortlichen Suizide, die auch als »rationale Suizide« bezeichnet werden, begehen etwa Menschen, wenn (Groeben 2021; Schöne-Seifert 2020; Wittwer 2020):

- sie im Endstadium einer unheilbaren Erkrankung oder bei nicht ausreichend behandelbaren quälenden Beschwerden unerträglich leiden (Leidens- oder Unerträglichkeitssuizid),
- sie durch ihre körperlichen und psychosozialen Beeinträchtigungen im höheren Lebensalter immer weiter eingeschränkt werden (Hinfälligkeitssuizid),
- sie an einer Krankheit leiden, etwa Demenz oder amyotrophe Lateralsklerose, die mit hoher Wahrscheinlichkeit ihre Persönlichkeit und Handlungsfähigkeit zunehmend beeinträchtigen wird (Präventivsuizid),
- anhaltender Verlust von Lebensfreude und Lebenssinn zu Lebenssattheit führt (Bilanzsuizid) sowie wenn
- bei meist langjähriger und sehr eng aufeinander bezogener Partner-

schaft der Wunsch besteht, den (ggf. schwer erkrankten) Partner oder die (ggf. bereits sehr hinfällige) Partnerin nicht überleben zu wollen (Symbiosesuizid).

Um einem Menschen freien Willen bzw. Freiverantwortlichkeit attestieren zu können, haben Ethiker, Juristen und Psychiaterinnen Kriterienkataloge aufgestellt, die im Wesentlichen die folgenden Merkmale beinhalten:

- Die Person verfügt über die Fähigkeit zu vernünftigem Denken, Urteilen und Handeln.
- Entscheidungen werden auf Grundlage relevanter Informationen, einschließlich Kenntnis ihrer Tragweite und möglicher Handlungsalternativen, gefasst.
- Der Betreffende urteilt und handelt ohne Zwang, Druck oder Täuschung durch andere und nicht beeinflusst durch eine akute psychische Störung.
- Der Entschluss der Person steht nicht im Widerspruch zu seinen Werten und Überzeugungen.
- Die Entscheidung weist zeitliche Stabilität auf.

Rationale Suizide sind in Deutschland und in sehr vielen anderen Ländern, insbesondere der westlichen Welt, weder aus ethischer noch aus rechtlicher Sicht verboten. Aus zeitgenössischer ethischer Perspektive wird der Suizid, von theologischen Stellungnahmen abgesehen, zumeist als moralisch erlaubt beurteilt. Dies wird mit dem Prinzip der Selbstbestimmung begründet, das sich in den letzten Jahrzehnten in der Ethik als ein zentrales Prinzip durchgesetzt hat. Wie die Selbstbestimmung insgesamt, trifft auch die Freiheit zum Suizid dann auf moralische Grenzen, wenn Rechte und Interessen anderer Menschen verletzt werden.

Nach deutschem Recht, in dem der Autonomiegedanke ebenfalls einen zentralen Stellenwert einnimmt, ist ein aus freiem Willen durchgeführter Suizid(-versuch) nicht strafbar. Zwar wird auch der freiverantwortliche Suizid nach wie vor als »Unglücksfall« eingestuft, der Dritten bei Suizidversuchen eine Rettungspflicht auferlegt, deren bewusste Missachtung bei zufälligen Zeugen als unterlassene Hilfeleistung (§ 323c StGB), bei sogenannten Garanten (enge Angehörige, professionelle Helfer) sogar als Tötung durch Unterlassen (§§ 212, 13 StGB) oder fahrlässige Tötung (§ 222 StGB) bestraft werden kann. Nachdem von maßgeblichen Juristen seit Langem Kritik an der ungenügenden Berücksichtigung des Selbstbestimmungsrechts bei einschlägigen Urteilen geübt wurde, sind mehrere Gerichte, zuletzt auch der Bundesgerichtshof mit seinem Urteil vom Juli 2019, von dieser Linie abgerückt (Rengier 2021; Wolfslast & Schmidt 2005).

Rationale Suizide bei psychisch kranken Menschen grundsätzlich auszuschließen, wie dies häufig, nicht zuletzt von Psychiatern, behauptet wird, halten wir für falsch. Aus der Diagnose einer psychischen Störung allein darf nicht vorschnell eine Beeinträchtigung des freien Willens abgeleitet werden. Ist es beispielsweise Ausdruck einer krankhaften Willensbildung, wenn ein Mensch, der zahlreiche schwere, mit vielen stationären Behandlungen einhergehende Phasen einer Schizophrenie erlebt hat, nach kontinuierlichem sozialem Abstieg und zunehmender Vereinsamung in einem psychosefreien Intervall die Entscheidung trifft, sein Leben zu beenden?

NICHT FREIVERANTWORTLICHER SUIZID Erfolgt die suizidale Handlung in einem Zustand, in dem die freie Willensbestimmung durch eine psychische Störung oder durch andere Umstände eingeschränkt oder aufgehoben ist, ist die Interventionspflicht für alle unstrittig, und es treffen bei ihrer bewussten Unterlassung die oben genannten Straftatbestände zu. Die dem Fürsorge- und Schadenvermeidungsprinzip verpflichtete paternalistische Beschränkung der Selbstbestimmung ist in solchen Fällen ethisch gerechtfertigt und rechtlich gefordert, da die Willensfreiheit des

Handelnden beeinträchtigt ist und (!) sein Verhalten mit dem Risiko einer schweren Schädigung bis hin zu seinem Tod einhergeht; beide Voraussetzungen müssen gegeben sein. Professionelle Helfer sind dem Suizidenten außerdem aufgrund der vertraglichen Übernahme von Schutz- und Beistandspflichten der Einrichtungen, in denen sie tätig sind, besonders verpflichtet. Das wird auch daran deutlich, dass im Fall von Behandlungsfehlern, wenn also nicht mit der erforderlichen Kompetenz und Sorgfalt gehandelt worden war, etwa bei der Wahrnehmung und Beurteilung entsprechender Äußerungen und Verhaltensweisen des Suizidenten, die Klienten, Angehörigen oder auch Versicherungsunternehmen zivilrechtlich Schadensersatz und Schmerzensgeld beanspruchen können.

KONSEQUENZEN FÜR DIE PRAXIS Was folgt aus den ethischen Überlegungen und rechtlichen Vorgaben für die psychiatrische Alltagspraxis (BIRNBACHER 1996; HALTENHOF 2017, 2022)? Unseres Erachtens sollte bei suizidgefährdeten Klientinnen und Klienten zunächst (!) alles getan werden, um suizidale Handlungen zu verhindern bzw. nach Suizidversuchen den Tod abzuwenden. In akuten Krankheits- oder Krisensituationen oder unter Zeitdruck ist eine sorgfältige und sichere Beurteilung der Freiverantwortlichkeit eines Klienten nämlich nicht möglich. »Eine Strategie des Aufschiebens, die einen Irrtum zugunsten des Lebens einem Irrtum zugunsten des Todes vorzieht, erscheint hier ethisch wohlbegründet« (KARENBERG 2005), auch wenn dadurch in Einzelfällen Menschen entgegen ihrer freien Willensentscheidung am Leben erhalten werden. Diese Konsequenz ist gegenüber dem Sterbenlassen von Menschen, deren Suizidalität einer vorübergehenden Krise entspringt und keineswegs dauerhaft ist, jedoch nachrangig, da die Verhinderung eines Suizids – anders als der Tod – keine endgültigen Tatsachen schafft. Die Anerkennung und Respektierung des hohen ethischen und rechtlichen Guts der Autonomie muss sich der Gefahr ihrer Überschätzung gerade in Krisensituationen bewusst sein, die darin besteht, »dass etwas, was bislang aus psychiatrischpsychotherapeutischer Perspektive als Ausdruck einer seelischen Not mit Anspruch auf Hilfe und Therapie verstanden wurde, nun dem Betroffenen, dem suizidalen und psychisch kranken Menschen selbst überlassen wird« (Wolfersdorf 2015, S. 456).

Die Verpflichtung zu paternalistischen Einschränkungen der Selbstbestimmung besteht nicht bzw. endet immer dann, wenn es keine Zweifel an der Willensfreiheit des Klienten gibt. Selbstverständlich ist Suizidprävention auch bei freiverantwortlichem Suizidwunsch zulässig, ja moralisch geboten. Nicht gewünschte Interventionen, gar Maßnahmen gegen den Willen des Betreffenden, sind hier ethisch und rechtlich allerdings nicht (mehr) gerechtfertigt.

Können wir Suizide verhindern?

Zu der Frage, ob Suizide wirklich verhindert werden können, sind unter psychiatrisch Tätigen zwei Positionen weitverbreitet, die uns gleichermaßen problematisch erscheinen, vor allem für die Kolleginnen und Kollegen selbst.

OHNMACHTSFALLE Die erste Haltung lässt sich als »Ohnmachtsfalle« charakterisieren. Diese Kollegen fühlen sich der suizidalen Dynamik ihrer Klientinnen und Klienten hilflos ausgeliefert. Als professionelle Helfer kommen sie sich machtlos und unwichtig vor, weil sie glauben, dass Suizidhandlungen das Ergebnis einsamer Entscheidungen seien, auf die andere niemals wirklich Einfluss nehmen können.

Diese Einschätzung ist falsch, denn in Wahrheit sind professionelle Helfer nicht ohne Einfluss auf den Krisenverlauf ihrer Klienten und Klientinnen. Ob die sinkende Anzahl der Suizide in Deutschland als Erfolg verstärkter Präventionskonzepte zu werten ist, lässt sich schwer nachweisen. Auf der individuellen Ebene allerdings ist die große Bedeutung der Person des professionellen Helfers und der Qualität der therapeutischen

Beziehung in der Praxis doch deutlich spürbar und wird nicht selten auch von Klienten verbalisiert, etwa nach einer Krise mit dem Hinweis: »Wenn Sie in der Zeit nicht da gewesen wären ...« >Zahlen, Seiten 28, 54 f.

ALLMACHTSFALLE Während Mitarbeitende in der »Ohnmachtsfalle« die eigenen Handlungsmöglichkeiten verleugnen und dabei Gefahr laufen, apathisch oder zynisch zu werden, belasten sich andere mit einem unbegrenzten Verantwortungsdruck. Diese zweite, mindestens ebenso problematische Haltung lässt sich als »Allmachtsfalle« oder »therapeutischer Größenwahn« kennzeichnen. Diese Kollegen glauben, dass Suizidhandlungen mit guter professioneller Kompetenz immer verhindert werden können. Besonders bedenklich ist der Umkehrschluss, dass *ich* etwas falsch gemacht haben *muss,* wenn sich »mein« Klient tötet. Mit dieser Haltung fühle ich mich für den anderen völlig verantwortlich und trage im schlimmsten Fall an seinem Tod die »Schuld«.

Der Umgang mit Menschen in suizidalen Krisen gehört für Mitarbeiterinnen und Mitarbeiter psychiatrischer Einrichtungen zu den schwierigsten und besonders belastenden Herausforderungen ihrer Alltagspraxis. Wir müssen wissen, dass wir letztlich nicht jede Selbsttötung verhindern können. Dies gilt auch dann, wenn wir professionell hochkompetent handeln und nichts »falsch« gemacht haben. Wenn ein Mensch so verzweifelt ist, dass er sich tötet, ist das ein Drama. Verantwortung dafür oder gar Schuld daran trägt allerdings letztlich niemand anderes als er selbst, weder ein Angehöriger noch ein professioneller Helfer.

Um der Ohnmachts- wie der Allmachtsfalle zu entgehen, ist es für psychiatrisch Tätige notwendig, eine eigene innere Balance im Umgang mit Suizidalität zu finden. Dazu gehört die Klärung der eigenen Haltung der Suizidalität gegenüber genauso wie die Entwicklung professioneller Hilfeformen. Eine grenzenlose Verantwortung tragen Helfende nicht.

Begriffe, Zahlen und Zusammenhänge

Begriffliche Klärungen

SUIZIDALITÄT Unter dem Begriff »Suizidalität« werden Gefühle, Gedanken, Impulse und Verhaltensweisen zusammengefasst, die bewusst auf die – direkte oder indirekte – Herbeiführung des eigenen Todes ausgerichtet sind – sei es durch selbstdestruktive Handlungen und / oder durch das Unterlassen von für das Weiterleben notwendigen Handlungen oder indem man sich absichtlich von anderen Menschen töten lässt. Die Äußerungsformen von Suizidalität umfassen ein breites Spektrum. Sie reichen vom Bedürfnis nach Ruhe oder einer Pause im Leben über den Wunsch, (ohne eigenes Zutun) tot zu sein, Gedanken an und Pläne für die Selbsttötung bis hin zu konkreten suizidalen Handlungen. Die einzelnen Stufen dieses Spektrums zeichnen sich gewöhnlich durch eine Zunahme von Handlungsdruck und Aktivität aus.

Suizidale Krisen können sich hinsichtlich ihres Zeitmusters erheblich unterscheiden. Sie können als Reaktion auf ein belastendes oder kränkendes Ereignis oder im Zusammenhang mit psychotischem oder depressivem Erleben der Entschluss, sich das Leben zu nehmen, und seine Umsetzung in die Tat ausgesprochen schnell, innerhalb von Minuten, erfolgen. Eine entsprechende suizidale Handlung wird dann häufig als »Kurzschlusshandlung« bzw. als raptusartig, drang- oder impulshaft bezeichnet. Häufiger ist allerdings eine Entwicklung über einen längeren Zeitraum, in dem lebensmüde Gedanken allmählich zunehmen und sich schließlich verfestigen. Dabei kann der Plan, eine suizidale Handlung zu begehen, recht lange von widersprüchlichen und zwiespältigen Gefühlen begleitet sein. Schließlich kann Lebensmüdigkeit einen Menschen, mehr oder minder ausgeprägt, über Jahre oder gar Jahrzehnte begleiten. Während impulshafte suizidale Handlungen kaum verhindert werden können, bieten sowohl die sich langsam entwickelnden als auch die chronischen suizidalen Befindlichkeiten vielfache Chancen für präventive Maßnahmen.

SUIZIDALE HANDLUNGEN Als »suizidale Handlungen« werden alle Verhaltensweisen – Handlungen bzw. Unterlassungen – verstanden, die die betreffende Person in der Absicht durchführt, das eigene Leben zu beenden. Bei unmittelbar oder mittelbar tödlichem Ausgang spricht man von »Suizid« oder »Selbsttötung«.

Wird eine Handlung, die das eigene Versterben zum Ziel hatte, überlebt, vom Betreffenden abgebrochen oder von anderen Menschen unterbrochen, das heißt bei ungewollt nicht tödlichem Ausgang, spricht man von »Suizidversuch«. Unter dem nicht einheitlich verwendeten Begriff »Parasuizid« (Felber 1993) verstehen wir potenziell selbstgefährdende Handlungen, deren vordergründige Absicht in einer vorübergehenden Flucht aus einer als unerträglich erlebten Situation besteht (parasuizidale Pause) oder in einem Appell nach Hilfe und Kontakt (parasuizidale Geste), gelegentlich sind auch manipulative Elemente enthalten. Selbst wenn der eigene Tod nicht bewusst angestrebt wird, gibt es fließende Übergänge zu suizidalen Handlungen, da der Todeswunsch ambivalent (im Sinne eines »Gottesurteils« oder »-gerichts«) sein kann oder die Suizidabsicht dem Betroffenen selbst gar nicht bewusst ist. Eine klare Abgrenzung von Handlungen ohne bzw. mit Selbsttötungsabsicht ist nachträglich nicht immer möglich, da auch ohne Todeswunsch durchgeführte Handlungen, etwa schwere selbstverletzende Manipulationen, unbeabsichtigt tödlich ausgehen können.

DOPPEL-, MASSEN-, MITNAHMESUIZID Suizidale Handlungen werden nicht nur von einzelnen Personen begangen (Haenel 2012). Es gibt auch ein »Mitgehen und Mitnehmen in den Tod« (Schipkowens-

KY 1963). So kommen keineswegs selten freiwillig und einvernehmlich durchgeführte, oft lange und sorgfältig vorbereitete Selbsttötungen zweier Personen vor, die als »Doppelsuizide« bezeichnet werden. Meistens handelt es sich um Paare, wobei die Initiative in der Regel von einem der beiden Partner ausgeht. Beispiele sind etwa der gemeinsame Tod von Heinrich von Kleist und Henriette Vogel am Wannsee bei Berlin oder von Stefan und Lotte Zweig in Brasilien.

Als »Kollektiv- oder Massensuizide« werden Selbsttötungen einer größeren Anzahl von Menschen bezeichnet, die meist durch spezielle (sub-)kulturelle oder religiöse Normen und Wertvorstellungen eng miteinander verbunden sind, was durchaus auch – etwa bei Sekten – mit einer Abkapslung von der Umwelt und Beeinträchtigungen des Realitätsbezugs einhergehen kann. In einer Reihe von Fällen ist erwiesen, dass diejenigen, die nicht zum Suizid bereit waren, von anderen Gruppenmitgliedern getötet wurden. Auslöser von Massensuiziden sind meist Situationen, die als real oder vermeintlich existenziell bedrohlich und ausweglos erlebt werden.

Beim »erweiterten Suizid« oder »Mitnahmesuizid« geht der Selbsttötung die Tötung anderer Menschen ohne deren Einverständnis voraus. Meist handelt es sich dabei um die Kinder und / oder den Partner. Wenn sich keine eindeutigen Belege finden, etwa ein gemeinsam verfasster Abschiedsbrief, kann nicht immer geklärt werden, ob es sich in einem konkreten Fall um einen einvernehmlich durchgeführten oder um einen Mitnahmesuizid handelt – so war es etwa bei den Politikern Gert Bastian und Petra Kelly. Auch »Amokläufe«, wie beispielsweise der eines Schülers einer Erfurter Schule im Jahr 2004, lassen sich dann als erweiterte Suizide verstehen, wenn sie mit dem Suizid des Täters oder der von ihm provozierten Tötung durch Eingreifkräfte enden.

SUIZIDMETHODEN Die selbstdestruktiven suizidalen Handlungen werden in »harte« und »weiche« Methoden eingeteilt. Zu den harten Methoden gehören vor allem Erschießen, Erhängen, Ertrinken, Sich-vor-ein-Fahrzeug-Werfen sowie Sprung aus großer Höhe. Demgegenüber gelten Intoxikationen, am häufigsten durch eine Überdosierung mit Psychopharmaka oder anderen Medikamenten, und die Inhalation tödlicher Gase als weiche Methoden. Möglichkeiten, durch Unterlassungen sein Leben zu beenden, sind etwa das Abbrechen einer Dialyse, das Beenden der Einnahme lebenswichtiger Medikamente (etwa Insulin) oder der freiwillige Verzicht auf Nahrungs- und Flüssigkeitsaufnahme – Letzteres wird zunehmend von alten Menschen als Suizidoption gesehen, denen andere Möglichkeiten nicht (mehr) zur Verfügung stehen. Schließlich kann der Tod auch dadurch herbeigeführt werden, dass man die Tötung durch andere provoziert, wie dies beim klassischen Amok der Fall ist.

Die gewählte Methode ist nicht nur von kulturellen und zeitgeschichtlichen Einflüssen, sondern auch von regionalen und situativen Gegebenheiten abhängig. So werden etwa bestimmte Orte aufgesucht, die von der Wohnung oder auch der psychiatrischen Klinik leicht erreicht werden können, um sich das Leben zu nehmen – beispielsweise Bahngleise, Brücken oder Hochhäuser. Ein anderes Beispiel für den Einfluss der Umstände auf die Wahl der Suizidmethode stellt die große Verbreitung von Waffen dar, etwa in den USA, die dazu führt, dass sich dort Menschen besonders häufig durch Erschießen das Leben nehmen.

RISIKO- UND PROTEKTIVE FAKTOREN Auf der Suche nach Umständen, die Suizidalität einerseits begünstigen, andererseits vor ihr schützen können, wurden zahlreiche Faktoren identifiziert, die sich orientierend den Bereichen Soziodemografie, Persönlichkeit und Biografie, Biologie sowie Krankheit zuordnen lassen (SCHNEIDER 2008). Ohne Anspruch auf Vollständigkeit listet Abbildung 1 eine Reihe von Faktoren auf, die das Risiko für Suizidalität erhöhen. Es sei aber betont, dass die meisten Menschen, die einen oder mehrere dieser Faktoren aufweisen, *keine* suizidale Krise erleben und dass diese Faktoren, weder einzeln noch in Kombination, spezifisch für Suizidalität sind. Sie geben lediglich eine an großen Gruppen empirisch gewonnene Wahrscheinlichkeit dafür an. Diese auf den ersten Blick abstrakt erscheinenden empirischen Daten können uns als professionell Tätige dennoch nützlich sein, indem sie uns bei Vorliegen eines oder mehrerer dieser Merkmale an die Möglichkeit von Suizidalität bei dem betreffenden Patienten denken lassen.

Die Angabe in älteren Publikationen, dass Suizide häufiger in Städten als auf dem Land und häufiger in protestantischen als in katholischen Gegenden vorkommen, konnte durch neuere Studien nicht bestätigt werden.

ABBILDUNG 1

Risikofaktoren für Suizidalität

Soziodemografie
Männliches Geschlecht (für Suizide) bzw. weibliches Geschlecht (für Suizidversuche)
Höheres Lebensalter (für Suizide) bzw. geringeres Lebensalter (für Suizidversuche)
Fehlende Partnerschaft (geschiedene > verwitwete > ledige Personen)
Niedriger sozioökonomischer Status, geringe Bildung
Längerfristige Arbeitslosigkeit
Bestimmte Berufe: v. a. medizinisches Personal, Berufssoldaten

Persönlichkeit und Biografie
Stark erhöhter Neurotizismus, gering ausgeprägte Extraversion
Kognitive Rigidität
Vernachlässigung, körperlicher, emotionaler oder sexueller Missbrauch in Kindheit und Jugend
Akute Lebensereignisse: Beziehungskonflikte, Verluste von bedeutsamen Bezugspersonen, Trennungen, finanzielle Verluste, Gewalterfahrungen (etwa Vergewaltigung, Kriegseinsatz), nach Tötungsdelikten, Strafverfolgung
Anhaltende belastende Lebensumstände: soziale Isolation, Vereinsamung, Migration, politische, religiöse oder rassistische Verfolgung
Suizidalität in der Familie

Biologie
Genetisch bedingte Störung der Impulskontrolle (über Funktionsstörungen im serotonergen und noradrenergen System)

Psychische und körperliche Krankheiten
Psychische Störungen, insbesondere depressive Störung, Polytoxikomanie, bipolare Störung, Schizophrenie, Persönlichkeitsstörung, vor allem vom Borderline-Typ, Alkoholabhängigkeit sowie Konsum anderer psychotroper Substanzen • Suizidversuch(e) in der Vergangenheit • Wiederholte stationäre psychiatrische Behandlungen • Entlassung aus stationär-psychiatrischer Behandlung
Körperliche Krankheiten, insbesondere unheilbare und solche, die mit erheblichen Beeinträchtigungen (etwa durch dauerhafte heftige Schmerzen) einhergehen, zum Beispiel dialysepflichtige Niereninsuffizienz, maligne Erkrankungen
Komorbidität von psychischen (Alkoholabhängigkeit, depressive Störung etc.) und körperlichen Erkrankungen

Zu den besonders wichtigen Risikofaktoren gehören psychische Erkrankungen, vor allem depressive Störungen oder die Kombination mehrerer psychischer Störungen, Suizidversuche in der Vorgeschichte und extrem belastende akute Lebensereignisse oder demoralisierende chronische Lebensumstände.

Als Schutzfaktoren vor Suizidalität sind insbesondere die folgenden von Bedeutung: Partnerschaft, Schwangerschaft, Kinder (mit steigender Zahl; Ausnahme: depressive oder psychotische postpartale Störungen), Rückhalt und Unterstützung im sozialen Umfeld, Verantwortungsübernahme für andere, Religiosität sowie positive Bewältigungsstrategien und Problemlösekompetenz. > Beurteilung von Suizidalität, Seiten 64 ff., 76 f., 122

Epidemiologische Zahlen und Zusammenhänge

Suizidalität ist unter historischen und transkulturellen Gesichtspunkten eine allgemeinmenschliche Erlebens- und Verhaltensweise. Suizide werden aus allen Epochen der Menschheitsgeschichte und aus allen Kulturen und Ländern berichtet (BAUMANN 2001; CALLIESS u. a. 2008a; MINOIS 1996). Lebensmüdigkeit oder der Wunsch, tot zu sein, als Reaktion auf belastende Situationen, etwa Verlustereignisse oder Kränkungen, oder im Zusammenhang mit körperlichen oder seelischen Erkrankungen ist vermutlich nur wenigen Menschen völlig fremd. In einer schwedischen Untersuchung an der Allgemeinbevölkerung wurde beispielsweise festgestellt, dass etwa jede zweite Person (52 Prozent) mindestens einmal im Leben irgendeine Form von Suizidalität erlebt hat. Und für Deutschland wurde eine Lebenszeitprävalenz für Suizidgedanken und Suizidpläne von 9,7 und 2,2 Prozent ermittelt.

SUIZIDE Laut Weltgesundheitsorganisation (WHO 2021) starben 2019 weltweit 703.000 Menschen durch Suizid, das entspricht 1,3 Prozent aller Todesfälle. Seit 2000 ist die Zahl der Suizide global um 36 Prozent, in Europa sogar um 49 Prozent zurückgegangen.

Die epidemiologischen Angaben zu suizidalen Handlungen in Deutschland sind vermutlich mit einer hohen Dunkelziffer behaftet. So sollen sich 10–30 Prozent der Suizide hinter anderen Diagnosen verbergen, etwa Tod durch Verkehrsunfall oder Drogenintoxikation.

Im Jahr 2020 fand in Deutschland alle 57 Minuten ein Suizid statt, insgesamt starben 9.206 Menschen durch eigene Hand, 6.944 Männer und 2.262 Frauen (Statistisches Bundesamt 2021). Suizide gehören damit zu den zehn häufigsten Todesursachen. Ihre Zahl nahm nach dem Zweiten Weltkrieg zu, erreichte 1981 mit 18.825 den höchsten Wert und sinkt seither – trotz kleinerer Schwankungen – kontinuierlich ab. Seit 2016 werden jährlich jeweils weniger als 10.000 Suizide registriert.

Ein oft genannter Kennwert der Häufigkeit suizidaler Handlungen ist die »Suizidrate«. Hierbei wird die Anzahl von Suiziden bzw. Suizidversuchen auf eine bestimmte Personenzahl (beim Kliniksuizid: Zahl der Aufnahmen) in einem bestimmten Zeitraum bezogen. Meist wird als Bezugsgröße 100.000 der Allgemeinbevölkerung oder der jeweiligen Geschlechts- und Altersgruppe pro Jahr gewählt. Wenn sich etwa in einem Jahr von 100.000 Menschen zwanzig das Leben nehmen – also 20/100.000/Jahr –, beträgt die Rate 20. In Deutschland nahm die Suizidrate von 1990 bis 2020 von 19,7 auf 10,7 ab. Die Raten der Männer waren jeweils um den Faktor 2,4 bis 3,1 höher als bei Frauen (siehe Abbildung 2).

Bis zum zehnten Lebensjahr sind Suizide ausgesprochen selten, im Jahr 2020 wurde lediglich ein Suizid in dieser Altersgruppe registriert. Mit zunehmendem Lebensalter erhöht sich das relative Risiko deutlich, wie die Suizidraten für 2020 veranschaulichen (siehe Abbildung 3). Sie stiegen von 4,0 bei den 15- bis 19-Jährigen über 10,2 bei den 45- bis 49-Jährigen bis auf 35,3 bei den über 89-Jährigen an. Das Durchschnittsalter der Suizidenten ist von 2000 bis 2020 bei den Männern von 52,2 auf 58,5 Jahre deutlich, bei den Frauen von 58,3 auf 59,7 Jahre nur leicht angestiegen.

ABBILDUNG 2

Altersstandardisierte Suizidraten in Deutschland nach Geschlecht 1990–2020 (Statistisches Bundesamt 2021)

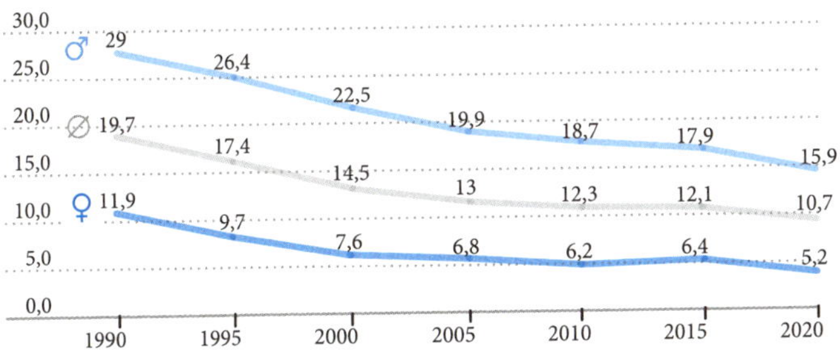

ABBILDUNG 3

Suizidraten in Deutschland nach Geschlecht und Altersgruppen 2020 (Statistisches Bundesamt 2021)

Alter	Frauen	Männer	Gesamt	Alter	Frauen	Männer	Gesamt
10–14	0,6	0,7	0,6	50–54	7,1	19,9	13,6
15–19	2,7	5,2	4,0	55–59	8,4	20,8	14,6
20–24	3,1	10,8	7,1	60–64	6,4	22,1	14,1
25–29	3,1	11,3	7,3	65–69	5,6	23,3	14,1
30–34	3,4	11,8	7,8	70–74	6,4	23,7	14,5
35–39	4,2	14,6	9,5	75–79	10,6	30,9	19,7
40–44	4,5	15,0	9,8	80–84	10,2	48,4	26,1
45–49	5,1	15,3	10,2	85–89	12,6	73,0	34,8
				≥ 90	15,7	86,8	35,3

Die Suizidraten sind auch sogenannten epochalen Schwankungen unterworfen. So nimmt die Zahl der Selbsttötungen bei äußeren Bedrohungen und in Kriegszeiten ab, bei politischen und wirtschaftlichen Krisen und Umbrüchen hingegen zu. Außerdem finden sich zwischen verschiedenen Kulturen teilweise große Differenzen, denen aber auch Unterschiede der Datenerhebung zugrunde liegen. So sind die Suizidraten etwa in den baltischen Staaten, in Russland oder Ungarn besonders hoch, in vielen Ländern Süd- und Mittelamerikas oder in Griechenland relativ niedrig. In Europa weisen die östlichen und nördlichen Länder höhere Suizidraten als die westlichen und südlichen auf. Auch in Deutschland finden sich deutliche Unterschiede zwischen den Bundesländern. So hatte 2020 Sachsen-Anhalt mit 15,9 die höchste Suizidrate, Nordrhein-Westfalen mit 7,6 die niedrigste. Dazwischen lagen etwa Hessen mit 12,2 und das Saarland mit 9,3.

Menschen, die an einer psychischen Störung leiden, haben gegenüber der Allgemeinbevölkerung ein zehn- bis zwanzigfach höheres Suizidrisiko. So beträgt die suizidbedingte Lebenszeitmortalität etwa bei rein depressiven Störungen ca. 5 Prozent (bei schwerer Ausprägung bis

18 Prozent), bei bipolaren Störungen 5–10 Prozent (überwiegend in der depressiven Phase), bei Alkoholabhängigkeit ebenfalls 5–10 Prozent, bei schizophrenen Psychosen 2–6 Prozent und bei Persönlichkeitsstörungen 2 Prozent (Borderline-Persönlichkeitsstörung 4–10 Prozent). Während der Anteil der Suizide an allen Todesursachen in Kohorten von schizophren erkrankten Menschen zu Erkrankungsbeginn besonders hoch ist, erfolgen Suizide bei Betroffenen mit depressiven Störungen und noch stärker bei Personen mit Alkoholabhängigkeit auch in späteren Krankheitsphasen.

In den meisten diesbezüglichen Studien wird bei 70–90 Prozent aller Suizidenten eine psychische Störung diagnostiziert, wobei depressive Störungen, Alkoholabhängigkeit und Schizophrenien zusammen den größten Anteil ausmachen. Nahezu 40 Prozent der Suizidenten sind zum Zeitpunkt der Tat alkoholisiert und bei über 50 Prozent soll zusätzlich eine Persönlichkeitsstörung vorliegen.

Menschen mit psychischen Erkrankungen haben gegenüber der Allgemeinbevölkerung ein zehn- bis zwanzigfach erhöhtes Suizidrisiko.

Suizide werden in Deutschland drei- bis viermal häufiger durch harte als durch weiche Methoden ausgeführt, von älteren Menschen häufiger als von jüngeren. Frauen wenden etwa zweimal häufiger als Männer weiche Suizidmethoden an. In Deutschland ist Erhängen am häufigsten, 2020 betraf dies 49,9 Prozent der Suizide bei Männern bzw. 31,5 Prozent bei Frauen. Es folgen vorsätzliche Intoxikation und Sprung aus großer Höhe.

SUIZIDVERSUCHE Die Häufigkeit von Suizidversuchen kann nur schätzungsweise angegeben werden, da sie nicht meldepflichtig sind und – anders als Suizide – nicht von der Polizei oder vom Statistischen Bundesamt erfasst werden. Auch werden sie häufig verschwiegen oder aus anderen Gründen nicht bekannt. Ihre Anzahl ist vermutlich zehn- bis zwanzigfach höher als die der Suizide, was einer Rate von 100 bis 200 entspricht. Die Lebenszeitprävalenz wird in Deutschland mit 1,7 Prozent angegeben. Der

Anteil der Frauen beträgt 60–70 Prozent, ihr Risiko ist vom 15. bis 30. Lebensjahr besonders hoch. Mit zunehmendem Alter nimmt die Rate der Suizidversuche ab, die meisten Betroffenen sind jünger als fünfzig Jahre. Suizidversuche erfolgen in 60 bis über 90 Prozent durch Intoxikationen, in der Regel durch Medikamente, speziell Psychopharmaka. Es folgen Schnitt- und Stichverletzungen, Sprung aus großer Höhe, Erhängen und Sich-vor-ein-Fahrzeug-Werfen.

Primär tödlich enden 2–5 Prozent aller Suizidversuche. In ca. 25 Prozent kommt es zu erneuten suizidalen Handlungen nach dem ersten Suizidversuch, vor allem in den folgenden beiden Jahren. Im weiteren Verlauf sterben 5–10 Prozent an einem Suizid. Das heißt aber auch, dass um die 90 Prozent der Menschen, die einen oder mehrere Suizidversuche unternommen haben, weiterleben, was ein wichtiges Indiz für die Bedeutung von Hilfe ist.

KLINIKSUIZIDE Als »Kliniksuizide« werden Selbsttötungen während einer stationär-psychiatrischen Behandlung bezeichnet (MENZEL & BRIEGER 2021). Sie machen um die 5 Prozent aller Suizide aus. Das Suizidrisiko von Patienten psychiatrischer Kliniken ist etwa zehnfach höher als in der Allgemeinbevölkerung. Eine Klinikverbundstudie aus Süddeutschland (WOLFERSDORF u. a. 2016) ergab, dass es in den 1970er- und 1980er-Jahren zu einer Zunahme von Kliniksuiziden gekommen war (mit einem Maximum von ca. 280 Suiziden bei 100.000 Aufnahmen im Jahr 1980). Hierfür wurden höhere Aufnahmeraten und kürzere Behandlungszeiten sowie Veränderungen von Institutionsstrukturen und Behandlungsstrategien mit stärkerer therapeutischer und rehabilitativer Orientierung (und damit höheren Anforderungen an die Patienten) verantwortlich gemacht. Seither kam es zu einem deutlichen Rückgang der Kliniksuizide (2014: 50 Suizide/100.000 Aufnahmen). Für diesen erfreulichen Trend wurden unter anderem eine allgemeine Enttabuisierung psychischer Krankheiten, eine zunehmende (wissenschaftliche) Beschäftigung mit Suizidalität, eine größere Sicherheit in der Diagnostik, günstigere personelle und strukturelle Rahmenbedingungen sowie bessere therapeutische Angebote als Gründe angesehen.

Männer und Frauen sind hier – anders als sonst – etwa in gleicher Häufigkeit betroffen. Rund 80 Prozent der durch Suizid gestorbenen Patienten und Patientinnen sind wegen einer depressiven Störung oder – mit geringerem Anteil – einer Schizophrenie in Behandlung. Gefährdungsmomente sind geringe Besserung der Beschwerden, Mehrfach- und Langzeithospitalisation, unklare diagnostische Einordnung und inkonsequentes therapeutisches Vorgehen, Verlegungen und Therapeutenwechsel sowie belastende medikamentöse Nebenwirkungen wie depressive Verstimmungen oder quälende Sitzunruhe (Akathisie).

Die meisten Kliniksuizide, nämlich etwa 75 Prozent, ereignen sich außerhalb des Krankenhauses, nur rund ein Viertel auf der Station oder auf dem Krankenhausgelände. Während regulärer Ausgänge und Beurlaubungen sind Suizide etwa fünfmal häufiger als während unerlaubter Ausgänge und Entweichungen. Ganz überwiegend suizidieren sich Klinikpatienten und -patientinnen mit harten Methoden – vor allem durch Erhängen und Sprung aus großer Höhe.

Besonders risikoreiche Zeiträume sind die erste Woche nach der stationären Aufnahme und der Übergang in die ambulante Behandlung. Suizide, die sich nach der Entlassung ereignen, werden auch als »poststationäre Suizide« bezeichnet, wobei der entsprechende Zeitraum unterschiedlich definiert wird – von einer Woche bis drei Monaten nach Entlassung. Da die ersten Wochen nach einem Klinikaufenthalt besonders kritisch sind, hat Asmus Finzen (1997) die Entlassung das Gefährlichste an der psychiatrischen Behandlung genannt.

Leider sind Untersuchungen zur Suizidalität in teilstationären, ambulanten und komplementären Einrichtungen des psychiatrischen Versorgungssystems ausgesprochen rar. In einer australischen Studie wurde die Häufigkeit von Selbsttötungsversuchen auf jeweils 1.000 Behandlungs- bzw. Betreuungstage bezogen und in verschiedenen psychiatrischen Settings ermittelt. In akutpsychiatrischen Krankenhäusern lag die Zahl der Suizidversuche bei 5,4, in Langzeitheimen bei 0,6 und in unterschiedlichen ambulanten Settings bei 0,5 pro 1.000 Tage (Pirkis u. a. 1999).

In einem in einer deutschen Großstadt angesiedelten gemeindepsychiatrischen Versorgungssystem, zu dem ausschließlich ambulante und teilstationäre Einrichtungen gehörten, wurden in zwanzig Jahren – neben einigen fraglichen – 26 eindeutige Suizide registriert. Es konnten die Daten aller 1.003 Klientinnen und Klienten ausgewertet werden, die sich in diesem Zeitraum in Behandlung befunden hatten. Die Suizidrate war gegenüber der lokalen Allgemeinbevölkerung um den Faktor 40 erhöht. Da sich ausschließlich Klienten und Klientinnen mit schizophrenen Psychosen suizidierten, lag deren Risiko sogar um das 65-Fache über dem der Vergleichspopulation. 14 der 26 Suizide ereigneten sich in den ersten zwölf Behandlungsmonaten, lediglich einer nach dem vierten Jahr (Flechtner u. a. 1997).

Patienten, die sich während einer stationär-psychiatrischen Behandlung suizidieren, leiden vor allem an depressiven Erkrankungen oder schizophrenen Psychosen. Besondere Aufmerksamkeit sollte der Entlassungs- und der nachklinischen Phase gelten.

Hintergründe suizidaler Krisen

Menschliche Verzweiflung, die in einer suizidalen Krise eskaliert, ist zunächst ein jeweils individuelles, persönliches Drama. Dennoch sind gesellschaftliche Einflüsse offensichtlich. Der internationale Vergleich zeigt eindrucksvoll, wie unterschiedlich die Suizidrate in verschiedenen Ländern ausfällt.

Die Suizidrate ist demnach in Südkorea zehnmal so hoch wie in der Türkei, ein Hinweis darauf, dass ein zutiefst persönliches Geschehen durchaus auch gesellschaftlich und kulturell beeinflusst wird. Zum Verständnis solcher Unterschiede wird in den soziologischen Diskussionen noch heute Bezug genommen auf die hundert Jahre alte »Anomietheorie« von Émile Durkheim (2017), nach der die Suizidrate in »anomischen«, also regellosen und unstrukturierten, Gesellschaften besonders hoch sei (Wirtschaftskrisen, Entfremdungsphänomene, Arbeitslosigkeit, Wertewandel etc.).

In den sehr unterschiedlichen Suizidraten zweier Länder finden aus unserer Sicht aber vielfältige Einflussfaktoren ihren Niederschlag. Unter dem Einfluss der Wirtschaftskrise ab 2007 stieg etwa die Suizidrate in Griechenland um 60 Prozent und ist seitdem nicht wieder auf das frühere Niveau gesunken.

Gute Gründe zu sterben?

Für eine Annäherung an die Frage nach den individuellen Motiven, dem entscheidenden Warum im Angesicht einer Suizidhandlung, mag der folgende Fragebogen hilfreich sein. Mithilfe dieser Auflistung lässt sich darüber nachdenken, was für sich selbst bzw. für andere der motivationale Hintergrund einer Suizidhandlung sein könnte.

ABBILDUNG 4

Selbsteinschätzung

Ich könnte mir gut denken, dass …	… ich mich umbringe	… andere sich umbringen
wenn ich lebensüberdrüssig bin	……	……
wenn ich alt und gebrechlich bin	……	……
wenn ich isoliert und einsam bin	……	……
wenn ich todkrank bin	……	……
wenn ich schwer süchtig bin	……	……
wenn meine Partnerbeziehung schwer zerrüttet ist	……	……
wenn ich ernsthaft aus dem Leben gehen will	……	……
wenn ich meine Arbeit verloren habe	……	……
wenn mich ständig Angst, Unruhe und Selbstzweifel plagen	……	……
wenn ich keinen Ausweg, keine Zukunft sehe	……	……
wenn ich anderen zeigen möchte, was sie mir alles angetan haben	……	……
wenn ich mich überflüssig fühle	……	……
wenn ich meine Probleme nicht mehr in den Griff bekomme	……	……
wenn mein Leben keinen Sinn mehr hat	……	……
wenn ich auf jemanden eine Mordswut habe und diese nicht angemessen äußern kann	……	……
wenn mein Ehrgefühl zutiefst verletzt worden ist	……	……
wenn das meine letzte Freiheit ist	……	……
wenn …	……	……

Die gedankliche Auseinandersetzung mit diesem Fragebogen kann für professionell Tätige in zweierlei Hinsicht hilfreich sein.

Die Reflexion der Frage, unter welchen Umständen ich selbst mir vorstellen kann, suizidal zu werden, kann zum einen zur Klärung meiner Haltung zum Suizid beitragen. Kann ich als Helfer, der immer wieder mit Suizidgedanken anderer konfrontiert wird, für mich selbst eine solche Handlungsmöglichkeit ausschließen? Was hält mich (bisher) im Leben? Kann ich mir vorstellen, dass meine lebensbejahende Haltung (»Suizid käme für mich nie infrage!«) unter bestimmten Umständen ins Wanken geriete? Der Versuch, solche Fragen für uns selbst zu beantworten, scheint eine notwendige Voraussetzung dafür zu sein, mit der Suizidalität anderer professionell und kompetent umgehen zu können, ohne die eigene Haltung vorschnell auf andere zu übertragen.

Der Schrecken und die Lähmung, die mit der Thematisierung von Suizidgedanken durch Klienten unter psychosozial Tätigen verbreitet sind, gründen möglicherweise in dem Versäumnis, die eigene (persönliche, nicht dienstliche!) Haltung zur Möglichkeit der Selbsttötung abzuklären. Wenn ich mir etwa eingestehe, dass ich mir das eigene Leben unter bestimmten Umständen (etwa nur noch gelähmt im Rollstuhl sitzen zu können) nicht mehr als lebenswert vorstellen kann, wäre die Frage zu bedenken, was das für meine Arbeit mit Menschen bedeutet, die langfristig mit Handicaps belastet sind.

Ebenso hilfreich ist der Fragebogen für eine Auseinandersetzung mit möglichen Belastungsfaktoren und Motiven für die Suizidalität von Klienten. Im Gegensatz zu einer einseitig psychiatrischen Wahrnehmung von Suizidalität als Ausdruck oder Begleiterscheinung einer psychischen Störung wird es mit einer offenen Haltung, nach der es subjektiv »gute Gründe« für einen Suizid geben mag, in der Praxis eher möglich sein, das Ausmaß der Verzweiflung eines Klienten zu verstehen, mit ihm wirklich ins Gespräch zu kommen und mit ihm über eine Alternative zum Suizid nachzudenken.

Sich offen der Suizidalität einer Klientin zuzuwenden, gibt der Betroffenen die Möglichkeit, das ganze Ausmaß ihrer Verzweiflung mitzuteilen. Das kann eine gute Voraussetzung für die psychosoziale Hilfe und die Vermittlung von Zuversicht sein.

Innerhalb wie außerhalb der Psychiatrie können suizidale Krisen unendlich viele Gesichter haben. Häufig werden von den Betroffenen Verlusterfahrungen thematisiert, mit denen sie nicht weiterleben zu können glauben.

Wie sehr etwa durch den Verlust eines geliebten Menschen durch Trennung oder Tod eine ganze Welt zusammenstürzen kann, das hat Wystan H. Auden in seinem berühmt gewordenen Gedicht *Funeral Blues* von 1936 anschaulich gemacht, populär geworden durch den Film *Vier Hochzeiten und ein Todesfall* (1994). Die Tiefe des Schmerzes, der darin zum Ausdruck kommt, und das Gefühl, dass »nun nichts mehr je wieder gut werden kann«, zeigen ein Ausmaß der Verzweiflung und Hoffnungslosigkeit, wie es uns im Kontakt mit suizidgefährdeten Menschen regelmäßig begegnet. Die starre Abgrenzung von Trauer und Depression in der psychiatrischen Psychopathologie wirkt hier nicht überzeugend und für die Praxis nicht immer hilfreich. Uns scheint es vielmehr ratsam, im Kontakt mit jedem suizidalen Klienten darüber nachzudenken, ob Verlusterfahrungen für die Entwicklung suizidaler Impulse eine Bedeutung haben.

Orientierung am Krisenmodell

Eine suizidale Krise ist nicht immer der Ausdruck einer seelischen Störung. Sie konfrontiert uns manchmal eher mit der Sinnkrise eines Menschen und mag Lebensmüdigkeit ausdrücken, die sich auch ohne Krankheit und tragische Schicksalsschläge entwickeln kann. Fragen nach dem Sinn des eigenen Lebens und Zweifel an der Verheißung des Glücks, wie sie etwa die Protagonistin in Paulo Coelhos Roman *Veronika beschließt zu sterben* (2000) formuliert, sind nicht nur unter Jugendlichen, sondern auch im Kreis erwachsener Klientinnen und Klienten weitverbreitet.

Für professionell Helfende ist es wünschenswert, nicht nur gegenüber den drastischen Konflikten eines Klienten aufmerksam zu sein, sondern ebenso in Bezug auf die unspektakulären und leisen Zweifel in der Lebensbilanzierung. Leichter gelingen wird uns dies wahrscheinlich dann, wenn wir – wenigstens insgeheim – die Frage einmal zugelassen haben, wie wir selbst damit leben können, dass die eigene Partnerschaft nach einigen Jahren nicht mehr so leidenschaftlich und romantisch ist wie in den ersten Wochen.

In der psychiatrischen Praxis ist es immer wieder schwierig, klare Antworten auf die zentrale Frage nach dem »Warum« der suizidalen Entwicklung eines konkreten Klienten zu formulieren. Eine Orientierung an den Konfliktthemen des Betroffenen sollte aus unserer Erfahrung im Alltag immer im Vordergrund stehen. Gerade im psychiatrischen Kontext sind wir aber nicht selten mit Menschen konfrontiert, die die motivationalen Hintergründe ihrer suizidalen Krise nicht benennen können oder wollen.

Erklärungsansätze nach dem Krankheitsmodell deuten das suizidale Verhalten schlicht aus der Dynamik der psychischen Erkrankung, also etwa aus dem veränderten Erleben im Rahmen der Depression oder der schizophrenen Psychose. Es gibt allerdings keine Krankheit »Suizidalität«. Nicht alle Lebensmüden sind krank, und (psychisch) erkrankte Personen töten sich meist aus den gleichen Gründen wie die Gesunden, nämlich aus Verzweiflung und Hoffnungslosigkeit.

Mit einer Orientierung am Krisenmodell verstehen wir Suizidalität als Ausdruck einer menschlichen krisenhaften Entwicklung, die beim Betroffenen in der Regel mit Gefühlen des Gescheitertseins und der Hoffnungslosigkeit verknüpft ist und die gleichzeitig als Form eines (destruktiven) Krisenbewältigungsversuchs verstanden werden kann. Die Abbildung 5 macht anschaulich, dass Suizidalität auf einer solchen Basis nicht als

»genetisch« verursachtes Defizit im Serotoninstoffwechsel zu verstehen ist, sondern im Kontext biografischer Erfahrungen vom Betroffenen als Handlungsmöglichkeit bewusst oder unbewusst »gewählt« werden kann.

ABBILDUNG 5

Krise und Entwicklung von Suizidalität (nach WOLFERSDORF 2000)

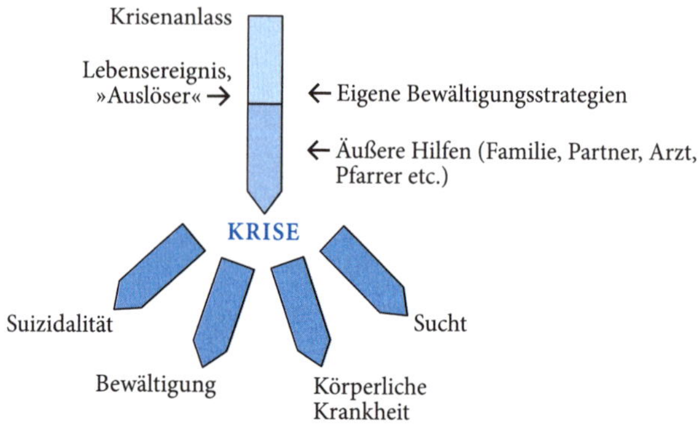

Gegenüber der Orientierung an belastenden Lebensereignissen, Sinnkrisen und anderen subjektiven »guten Gründen« kann der Einwand formuliert werden, dass doch alle Menschen Verluste, Enttäuschungen u. Ä. erlebten, die meisten sich deshalb jedoch nicht töten würden. Gelegentlich wird dies mit der Frage verbunden, ob die nachvollziehbaren Belastungen eher den Stellenwert eines »Auslösers« von Suizidalität darstellen mögen, der »wahre Grund« aber vielleicht tiefer liege.

Psychologische Erklärungskonzepte

Aus der Fülle der Erklärungsversuche, welche »tiefer liegenden« Gründe es für Suizidhandlungen geben mag, wollen wir exemplarisch drei Konzepte vorstellen und an Beispielen veranschaulichen. Zuvor wollen wir allerdings mit der Abbildung 6 zeigen, welche Gefühlsdimensionen bei Suiziden eine Rolle spielen können.

Vielfach wird behauptet, dass sich Suizide grundsätzlich von Suizidversuchen unterscheiden. Wir finden diese Unterscheidungen ebenso fragwürdig wie die Abqualifizierung »nicht ernsthafter« Suizidversuche im Vergleich zu »ernsthaften«. Fachlich angemessen scheint uns eher ein Verständnis von Suizidhandlungen als gemeinsamer Begriff für »vollendete« Suizide und »gescheiterte« Suizidversuche.

ABBILDUNG 6

Motivstruktur der Suizidhandlung (SH) (nach Henseler 2000)

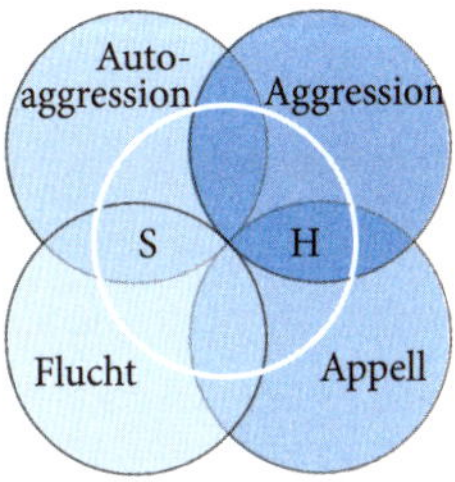

Eine Suizidhandlung ist nach diesem Modell als Verhalten zu verstehen, das in individuell unterschiedlich großem Maß zu tun haben kann mit Aggression, Autoaggression, Flucht und Appell. Im psychiatrischen Alltag könnten wir etwa bei einer suizidalen Klientin darüber nachdenken, wovor sie fliehen will und ob es für sie andere Fluchtmöglichkeiten als Suizidhandlungen geben könnte. Für das Verständnis entscheidend ist das subjektive Erleben der Betroffenen, nicht so sehr die »objektive« Schwere eines Konflikts aus der professionellen Perspektive. Außerdem können wir in der Praxis über das Ausmaß appellativer Anteile nachdenken, ebenso über den inhaltlichen Gehalt des Appells, die »Botschaft« der Suizidhandlung. Die inhaltliche Beziehung aggressiver Anteile zu autoaggressiven Anteilen soll nachfolgend mit der Vorstellung einiger theoretischer Aspekte erläutert werden.

Auch die appellativen Aspekte einer Suizidalität müssen immer ernst genommen werden.

Der Blick auf die Aggressionskonflikte Der suizidale Mensch wendet Aggressionen, die eigentlich jemand anderem gelten, gegen die eigene Person.

BEISPIEL

Frau P., eine 52-jährige Klientin, wird wegen einer schweren Depression mit »chronischem« Verlauf im psychiatrischen Übergangswohnheim aufgenommen. Wegen depressiver Krisen mit verstärktem Rückzug und Vernachlässigung von Ernährung und Körperpflege war sie in den letzten acht Jahren insgesamt sechsmal in der Klinik aufgenommen worden (formal »freiwillig«). Nach allenfalls leichter Besserung ihres Zustandes (die Kollegen beschrieben ihre Bemühungen bescheiden als »Aufpäppeln«) kehrte Frau P. jeweils in die eigene Wohnung zurück. Zuletzt hatte sie wiederholt den Wunsch nach Aufnahme in ein Pflegeheim geäußert, sich schließlich aber überreden lassen, in ein Übergangswohnheim zu ziehen.
Hier wirkt sie zunächst im Verhalten angepasst, bei weiterhin bestehender depressiver Verfassung mit Selbstanklagen, die sich primär auf das Scheitern im Beruf richten.
Als sie sich im Wohnheim eingelebt zu haben scheint, äußert Frau P. in zunehmendem Maß Suizidgedanken, verliert durch unregelmäßige Ernährung sichtlich an Körpergewicht und fügt sich mehrfach Schnittverletzungen an den Unterarmen zu.
Trotz der krisenhaften Entwicklung kann die Bezugsmitarbeiterin eine vertrauensvolle Beziehung zu Frau P. aufbauen. In langen Gesprächen zur Lebensgeschichte erfährt sie von der Bewohnerin, dass die Erkrankung zum ersten Mal in zumindest zeitlichem Zusammenhang mit dem Verlust ihres Arbeitsplatzes und der Trennung durch den Ehemann aufgetreten war. Die Kündigung durch den Arbeitgeber bewertet sie als gerecht, weil ihr mehrfach »schwere Fehler« in der Abrechnung unterlaufen seien. Nach fast zwanzig Ehejahren vom

Mann verlassen zu werden, habe sie anfangs stark belastet, zumal sie in der engen Partnerschaft keine anderen Kontakte gepflegt habe. Sie könne ihm aber nicht wirklich böse sein, da seine neue Partnerin deutlich jünger, attraktiver und gebildeter sei als sie.

Die Mitarbeiterin formuliert »stellvertretend« Trauer, Enttäuschung und Wut über das Ende der Liebesbeziehung und das Verhalten des Ex-Mannes, die Klientin verteidigt ihn jedoch beharrlich. In der Folgezeit äußert sie häufig Ärger über die Teilnahmepflicht an Gruppenangeboten im Wohnheim und an dem »nutzlosen Gequatsche« mit der Bezugsmitarbeiterin. Diese reagiert nicht gekränkt, bewertet vielmehr die Unmutsäußerungen als positiv, weil die Klientin aggressive Gefühle endlich nach außen richten könne. Sie ermutigt die Klientin, in Krisensituationen die innere Anspannung im Garten des Wohnheims herauszuschreien oder dort gegen einen Baum zu treten, anstatt sich wie bisher selbst zu verletzen.

Der Blick auf narzisstische Konfliktpotenziale Der suizidale Mensch zerbricht an tiefen Selbstwertkonflikten.

Die Narzissmustheorie ist – ebenso wie die Aggressionstheorie – vom psychoanalytischen Denken beeinflusst, folgt jedoch nicht dem Konzept der Aggressionsumkehr, sondern versteht suizidales Handeln als Versuch einer Selbstrettung aus einem unerträglichen Selbstwertkonflikt. Eine solche Perspektive soll das folgende Fallbeispiel eines Klienten veranschaulichen, der im Wohnheim seine »ärmliche« Situation reflektiert, sich selbst als »böse und gemein« hasst und sich danach sehnt, (für jemanden) wichtig zu sein, sowie etwas für sich allein haben möchte – und sei es wenigstens der »Regen, der für andere gemacht worden ist«. Unter der Perspektive der Narzissmustheorie könnte die zentrale Frage in der professionellen Begleitung dieses verzweifelten Mannes etwa lauten: Wie kann ich die Reste von Selbstakzeptanz und Selbstbewusstsein dieses Klienten unterstützen und fördern?

Ein Patient hat seine Stimmungslage einmal so dargestellt:

BEISPIEL

»Es ist Wochenende. Endlos öde zieht es sich dahin. Ich habe nichts zu tun, habe niemanden, den ich besuchen mag, ich grübele sehr. Wer und was bin ich eigentlich? Wohin führt mein Weg?

Als ob das so wichtig wäre?!? Ich kann auch in der Menge untergehen, Klappe zu, Affe tot. Niemand würde es bemerken.

Ich fühle mich von mir selbst angewidert, angewidert von der Vertraulichkeit, mit der ich um mich werfe, mit der ich wuchere wie mit meinen Pfunden.

Alle finden mich nett, einfallsreich, charmant, witzig, aber das bin ich gar nicht: Ich bin böse, egozentrisch, gemein, auf mich bedacht und ich hasse mich und meine Umwelt, dieses Gewöhnliche, Abgeschmackte, Ärmliche. Ich will ausbrechen und kann doch nicht: Ich bin mir zu sehr meiner eigenen Grenzen bewusst.

Am liebsten möchte ich sterben. Ich finde alles so sinnlos.

Da bin ich also, eingesperrt in meinen vier Wänden, ausgestattet mit dem für das Leben Notwendigsten, meine Existenz kann noch Jahre so weitergehen: essen, schlafen, essen, schlafen, belangloses Zeug reden, belanglose Menschen treffen, nichtssagend, im höchsten Maße nichtssagend, man könnte genauso gut schweigen, aber das ist ja noch langweiliger, und so redet man belangloses Zeug, bla, bla, bla, wartend darauf, dass es regnet oder auch nicht regnet, aber es ist ja kein Regen für einen selbst, man hat nichts davon, man wird nicht nass, man sitzt hier und wartet, wartet, dass etwas passiert, was ja doch nicht passiert, das für einen genauso fern ist wie die eigene Person, und man sitzt hier und stopft sich mit Essen voll, das langweilig ist und fade und nicht schmeckt, immer die gleiche Wurst und der gleiche Aufschnitt, man wird immer dicker und fetter, fetter und dicker, gleicht bald einem Monstrum, das in den Zoo gehört, ausgestellt, damit möglichst viele Menschen es staunend anglotzen und mit dem Finger auf einen zeigen können.«

Der Blick auf die »erlernte Hilflosigkeit« Der suizidale Mensch fühlt sich dem Schicksal ausgeliefert.

Nach dem Depressionsmodell von Martin Seligman (1999) werden nicht jene Menschen depressiv, die die größte Zahl »negativer Erlebnisse« erfahren haben, sondern diejenigen, die eigene Ressourcen zur Bewältigung nicht nutzen. Auf der Basis einer bestimmten Verarbeitung und Bewertung (»Attribuierung«) von belastenden Erfahrungen entwickelt sich ein Lebensgefühl, dem Schicksal ausgeliefert, ohnmächtig und hilflos zu sein.

Alltägliche Enttäuschungen, wie eine Fünf in Mathe, verarbeiten Schüler im günstigen Fall spezifisch (»Mathe ist halt nicht mein Fall, aber im Sport bin ich gut«) statt global (»Ich bin halt zu blöd«). Externale Attribuierung (»Dieser Lehrer kann einfach nicht gut erklären«) ist bei der Bewältigung solch ungünstiger Ereignisse ebenso hilfreich wie der Glaube an eigene Einflussmöglichkeiten auf die (hier: schulische) Entwicklung, etwa: »In nächster Zeit muss ich mehr üben, damit ich noch auf eine Vier komme.«

Wer stattdessen ein Lebensgefühl entwickelt, dem Schicksal hilflos ausgeliefert zu sein, droht unter dem Einfluss von Belastungen, die andere Menschen ganz selbstverständlich bewältigen, »unterzugehen«, also etwa depressiv oder suizidal zu werden. Gefühle von Hoffnungslosigkeit, Ohnmacht und Hilflosigkeit sind im Kontakt mit suizidalen Klientinnen und Klienten regelmäßig spürbar.

Mit einer Orientierung am Konzept der »erlernten Hilflosigkeit« versuchen professionelle Helfer in der Praxis, die biografischen Hilflosigkeitserfahrungen des Klienten im psychiatrischen Hilfesystem nicht zu wiederholen, sondern stattdessen ressourcenorientiert die Selbstverantwortung des Klienten zu fördern. >Selbstverantwortung, Seiten 20 f., 100

BEISPIEL

Frau H. wird im Verlauf einer schweren Depression auf der Rehabilitationsstation einer Klinik aufgenommen. Sie wirkt zurückgezogen, fast apathisch und wird in den Teambesprechungen wiederholt als »mit hängenden Flügeln« beschrieben. Die Stationssozialarbeiterin erfährt in den Gesprächen mit der 45-Jährigen, dass es sowohl in ihrer Herkunftsfamilie als auch in der Ehe, in die sie aus dem Elternhaus »geflüchtet« sei, nie um ihre Bedürfnisse gegangen sei. Schon als Kind habe sie das Gefühl entwickelt, dem Schicksal bzw. der göttlichen Fügung ausgeliefert zu sein. Bei Konflikten im Erwachsenenalter, wie bei einer schweren Erkrankung des Ehemannes, der vor vier Jahren verstarb, habe sich dies bestätigt. Wenn sie sich mal richtig angestrengt habe, wie bei den Versuchen einer beruflichen Integration, sei sie immer wieder gescheitert.

Im Kontakt zur Sozialarbeiterin macht Frau H. mehrfach deutlich, wie ohnmächtig sie sich ihrer Lebensentwicklung, der Krankheit und auch der Behandlung ausgeliefert fühlt. Je nach »Tagesform« wünscht sie, von den Mitarbeitern »endlich gesund gemacht« zu werden, oder fordert, dass ihr »die Todesspritze« gegeben werden solle, weil sie das Leben nicht mehr ertragen könne.

Die Sozialarbeiterin gestaltet die Beziehung in der Krise eng, verweist die Patientin dabei aber stets auf deren eigene Entscheidungen und Bewältigungsmöglichkeiten (»Wie haben Sie es geschafft, das schwierige Wochenende zu überstehen?«). Die Kollegin überzeugt das Team, dass eine voreilige Verlegung von Frau H. auf die geschlossene Station vermieden werden soll, und versucht mit Frau H., »vertragliche« Absprachen zum Umgang mit Suizidgedanken zu treffen. > Absprachen, Seiten 75, 100, 125

Mit der Darstellung und Veranschaulichung einzelner psychologischer Konzepte zur Erklärung suizidaler Krisen wollen wir nicht »Standardrezepte« präsentieren, die auf alle Klientinnen und Klienten angewendet werden können. Vielmehr empfehlen wir einen offenen und flexiblen Umgang mit einzelnen theoretischen Bezügen, also im Sinne von Blickrichtungen, die beim Nachdenken über unseren Umgang mit verschiedenen Klienten in jeweils unterschiedlichem Maß in der Praxis hilfreich sein können.

Je mehr Erfahrungen mit Klientinnen und Klienten in suizidalen Krisen wir selbst gesammelt haben, desto skeptischer wurden wir gegenüber allzu schlichten Kausalkonzepten, die für alle verzweifelten Menschen gelten sollen. Wir müssen davon ausgehen, dass es für ein komplexes Geschehen wie den Suizid eines uns anvertrauten Patienten ebenso wenig eine einfache Erklärung gibt wie für den Suizid eines Gesunden. Wie komplex das Nebeneinander von Einflüssen einer seelischen Störung und nachvollziehbarer Bilanzierung sein kann, wird im Abschiedsbrief der Schriftstellerin Virginia Woolf deutlich. Sie litt an einer bipolaren Störung und schrieb im Brief an ihren Mann, bevor sie sich in einem Fluss ertränkte: »Ich fühle deutlich, dass ich wieder verrückt werde. Ich glaube, wir ertragen eine so schreckliche Zeit nicht noch einmal. Und diesmal werde ich nicht wieder gesund werden. Ich höre Stimmen und ich kann mich nicht konzentrieren. Also tue ich das, was mir in dieser Situation das Beste zu sein scheint.«

Suizidale Krisen im Jugendalter

Bei Kindern und Jugendlichen wird Suizidalität in besonderer Weise verleugnet und tabuisiert, Familienangehörige und Freunde empfinden häufig intensive Schuld- und Schamgefühle. Die Glücksverheißungen des Lebens scheinen doch eigentlich ganz besonders für unsere Kinder und Jugendlichen zu gelten. »Mein Gott, er hatte doch das Leben noch vor sich!« oder auch »Sie hatte doch alles« drücken nach einem Suizid diese besondere Form ungläubigen Entsetzens der sozialen Umgebung aus.

Der Mythos von der »glücklichen Kindheit«, die für alle und immer zu gelten hat, wird erschüttert durch Repräsentativbefragungen unter 14- bis 15-jährigen Schülerinnen und Schülern der 9. Klasse: Mehr als jeder Dritte berichtet, schon Suizidgedanken erlebt zu haben. Bei Kindern unter zehn Jahren sind Suizide zum Glück sehr selten, vor dem Grundschulalter sind auch realistische Vorstellungen von der Endgültigkeit des Todes noch nicht ausgeprägt. Im Alter von 10 bis 14 Jahren werden jährlich in Deutschland rund zwanzig Suizide erfasst, 150–200 bei 15- bis 19-jährigen Jugendlichen und über 300 bei jungen Erwachsenen im Alter von 20 bis 25 Jahren. Nach Unfällen sind Suizide die zweithäufigste Todesursache bei Jugendlichen und betreffen etwa dreimal so viele Jungen wie Mädchen. Wie bei Erwachsenen ist das Geschlechterverhältnis bei Suizid*versuchen* umgekehrt, hier sind weibliche Jugendliche und junge Frauen die größte Risikogruppe.

Schrei nach Aufmerksamkeit?

Gerade bei Jugendlichen sind Äußerungen von Suizidgedanken, Suizidversuche, aber durchaus auch Suizide als Kommunikationsversuch zu verstehen, als ein Signal, das auf seelische Not und Verzweiflung hinweisen soll. Die Wahrnehmung der Appellfunktion darf aus unserer Sicht von Familien oder gar Fachleuten nicht mit Verharmlosungen verbunden werden. Faktisch müssen wir davon ausgehen, dass zumeist der Wunsch, zu sterben, und die Hoffnung auf Zuwendung, Aufmerksamkeit und »Rettung« kompliziert vermischt sind und zeitgleich nebeneinander bestehen. Die Wahrnehmung von Ambivalenz ist wohl realistischer als die verbreitete Dichotomisierung in ernsthafte versus nicht ernsthafte Suizidalität. Den entnervten Erwachsenen, die von »pubertärem Rumgemache« reden und »die Jugend von heute« entwerten, sei ein über 2.400 Jahre altes (!) Zitat des griechischen Philosophen Sokrates erwidert: »Die Jugend von heute liebt den Luxus, hat schlechte Manieren und verachtet die Autorität. Sie widersprechen ihren Eltern, legen die Beine übereinander und tyrannisieren ihre Lehrer.«

Die verbreitete Tendenz, suizidale Krisen bei Jugendlichen nicht ernst zu nehmen, drückt sich auch in der Haltung aus, in dieser Lebensphase immer von ungeplant-plötzlich aufkommenden suizidalen Impulsen auszugehen. Anhand eines Abschiedsbriefes (zitiert nach der *Welt* vom 24. November 2013) wollen wir zeigen, dass auch Kinder und Jugendliche sehr wohl geplant und reflektiert ihr Leben beenden können (Abschiedsbrief von Rico, elf Jahre, bevor er von einer Brücke in den Tod sprang, leicht korrigiert):

BEISPIEL

»Liebe Mum,

Du warst die allerbeste Mutter, die ich je hatte. Du hast immer für mich gesorgt, mich verwöhnt und hast mich beschützt, wenn irgendwas mich nicht mehr akzeptiert hat. Es tut mir leid, dass ich dir damit wehtue. Doch bitte verzeih mir. Dein lieber Sohn.

PS: Ich möchte, dass ich im Quicksilver-T-Shirt begraben werde.

Lieber Papa,

Du warst der beste Vater, den man sich denken kann. Auch wenn ich als kleiner Junge gedacht habe, du liebst mich nicht, weiß ich jetzt, dass du mich immer sehr geliebt hast. Dein Sohn, der dich immer lieben wird.

Meine Schwestern,

Ihr seid die Besten, weil ihr mich gegen jeden und alles verteidigt habt, und falls ich mal traurig war, habt ihr mir Ratschläge gegeben, dass ich bald wieder glücklich war. Euer lieber Bruder

Meine Wünsche:

Ich will, dass alles Geld, das ich habe, meiner Klasse gegeben wird.

Ich will, dass die ganze Schule zu meiner Beerdigung kommt.

Ich will, dass ich in T. begraben werde.«

Die Abschiedszeilen dieses Jungen sind wohl auch deshalb so bewegend, weil die Motive der Verzweiflung nicht benannt werden, die Tat damit im Grunde als nicht nachvollziehbar erscheint.

Jenseits individueller Konfliktverläufe mag bei der Frage nach dem »Warum« zunächst ein Blick auf das hilfreich sein, was im pädagogisch-psychologischen Diskurs als »Entwicklungsaufgaben« bezeichnet wird. Dabei werden die altersspezifischen Herausforderungen fokussiert, die (oft mit Schwierigkeiten) bewältigt werden, an denen Jugendliche aber auch scheitern können. Aufgaben in der Jugendphase sind etwa:

- Ablösung von den Eltern, zunehmende emotionale Unabhängigkeit,
- neue Beziehungen zu Gleichaltrigen beider Geschlechter aufbauen,
- Einübung und Übernahme einer weiblichen/männlichen Geschlechtsrolle,
- Akzeptieren des eigenen (sich verändernden) Körpers,
- Klärung der eigenen sexuellen Identität,
- Vorbereitung auf Partnerschaft und Familie,
- Klärung und Vorbereitung einer beruflichen Karriere,
- Entwicklung eines Wertesystems.

So viele Fallstricke auf unbekanntem Terrain! Die Entdeckung der eigenen homosexuellen Orientierung zum Beispiel löst weiterhin bei vielen Jugendlichen intensive Krisen aus, weil sie wahrnehmen, dass »schwul« oder »lesbisch« im Jugendjargon immer noch mit Entwertungen verbunden wird und nicht alle Eltern verständnisvoll reagieren. In unserer vermeintlich aufgeklärt-liberalen Kultur berichten 18 Prozent homosexueller Jugendlicher von eigenen Suizidversuchen, die Suizidrate bei schwulen und lesbischen Jugendlichen liegt vier- bis siebenmal höher als bei heterosexuellen.

Große Gründe, kleiner Anlass?

Jugendliche in suizidalen Krisen haben meist subjektiv gute Gründe für ihre verzweifelten Gedanken oder Taten. Viele Fachleute empfehlen eine Unterscheidung von Ursache und Anlass. Gemeint ist damit, dass sich vermutlich niemand nur wegen einer Fünf in Mathe umbringt, dies allenfalls als Anlass verstanden werden könnte, als »Tropfen, der das Fass zum Überlaufen bringt«. Diese Logik ist nachvollziehbar, birgt aber gleichzeitig die Gefahr, aus Erwachsenenperspektive die Konflikte des Jugendlichen zu verharmlosen (»allenfalls als Anlass nachvollziehbar«). Aus zahlreichen Forschungsprojekten, unter anderem der Befragung von Jugendlichen, die Suizidversuche überlebt haben, sind Konfliktlinien und Motive bekannt, die häufig eine wichtige Rolle spielen:

Kritische Lebensereignisse Viele Betroffene sind belastet von Verlusterfahrungen (Tod eines Elternteils, Trennung von Freund oder Freundin etc.), bekannte Suizidhandlungen in Familie und im Freundeskreis (»Vorbild« in eigener Krise), Gewalterfahrungen (auch sexuelle Gewalt) in der Familie, zugespitzte Konflikte in der Schule oder im Beruf.

Entwicklungskrisen Emotional dominieren häufig die Vorstellung, von niemandem (auch nicht von den Eltern) geliebt zu werden, und die Einstellung, dass niemand helfen könne. In der Familie ist das Klima nicht selten kühl, die elterliche Fürsorge gering. Selbstwertkonflikte und Einsamkeitsgefühle sind ausgeprägt, Alkohol- oder anderer Drogenmissbrauch beim Jugendlichen und / oder bei einem Elternteil sind verbreitet.

Psychische Störungen Wie auch bei Erwachsenen ist es uns wichtig, die besondere Anfälligkeit für Suizidalität, zum Beispiel unter dem Einfluss einer Depression, zu reflektieren, *ohne* dabei alle Jugendlichen mit suizidalen Krisen zu pathologisieren, was in Zeiten des DSM-5 in zunehmendem Maße üblich geworden ist.

Gruppeneinflüsse In jener Lebensphase, in der das Elternhaus als Mittelpunkt der Welt allmählich abgelöst wird von Kontakten zu Gleichaltrigen, steigt das Risiko deutlich, von Erfahrungen wie Mobbing, Erniedrigung mit Schamgefühlen etc. belastet zu werden. Die wachsende Bedeutung der Peergroup erfüllt identitätsstiftende Funktionen, liefert im Konfliktfall (etwa bei einer Außenseiterrolle in der Gruppe) aber nicht selten die Themen der suizidalen Krisen.

Im subjektiven Erleben von Jugendlichen wird oft ein Belastungsfaktor als »Krisenthema« erlebt, bei dem es von außen betrachtet meist eher um die Kombination verschiedener Belastungsdimensionen zu gehen scheint. Kompetente Helferinnen und Helfer nehmen die thematisierten Konflikte ernst, reflektieren aber gleichzeitig das Ressourcenrepertoire des Jugendlichen (emotionale Stabilität, körperliche Attraktivität, stabiles soziales Umfeld etc.). Gute Bewältigungsmöglichkeiten (Resilienz) haben Jugendliche, die sich etwa aktiv und kontaktfreudig zeigen und bei denen eine internale Kontrollüberzeugung spürbar wird.

Ansteckung im Internet?

Kontrovers diskutiert werden die Auswirkungen von Suizidforen im Internet. Hier bringen sich die jungen Leute gegenseitig auf »dumme Gedanken« und geben sich wechselseitig Tipps zum gelingenden Suizid, so die Befürchtung auch mancher Fachleute. Spätestens seitdem im Netz verabredeten, gemeinsamen Suizid eines Norwegers mit einer minderjährigen Österreicherin im Jahre 2000 verteufeln manche Medien die »Todesfalle Internet«. Die Fachwelt ist sich zumindest darüber einig, dass die wahren Gründe eines Jugendsuizids außerhalb der Foren und im Leben des Betroffenen zu suchen sind, auch wenn im Internet zuweilen eine Art Aufschaukelung zu immer mehr Risikobereitschaft zu finden ist, etwa zum Thema »Selbstverletzungen«. In zunehmendem Maße wird von Expertinnen und Experten deutlich gemacht, dass bei allen Risiken die Suizidforen auch viele Chancen bieten.

ABBILDUNG 7

Potenzielle Risiken und Chancen von Suizid-Selbsthilfeforen (EICHENBERG 2013, S. 18)

Gefährdende Effekte	Suizidpräventive Effekte
Weitere Labilisierung insbesondere bei jungen und psychisch kranken Menschen	Enttabuisierung eines in der Gesellschaft stark stigmatisierten Themas
Verbreitung von Suizidmethoden	Abbau suizidalen Handlungsdrucks durch Diskussionen über Suizidmethoden
Ansteckung und Imitation (»Werther-Effekt«)	Anonymer und unzensierter Austausch mit anderen Betroffenen mit dem Effekt der sozialen Unterstützung
Schwellenerniedrigung im Sinne des Abbaus von Ambivalenzen durch Prozesse des Gruppendrucks	Kontaktaufnahme zu suizidalen Menschen, die auf andere Weise nicht erreicht würden, vonseiten Professioneller
Veränderung der Einstellung zum Suizid	Erleichterter Zugang zu professionellen Krisenangeboten
Schlussfolgerung: staatliche Maßnahmen zur Zensur entsprechender Internetinhalte und zur Forenschließung	Schlussfolgerung: Selbsthilfeaktivität suizidaler Internetnutzer fördern

Im Bereich der professionellen Hilfen für suizidgefährdete Jugendliche haben Präventionsprogramme an Schulen eine herausragende Bedeutung. In dieser wichtigen Erfahrungswelt sind die Jugendlichen erreichbar und können über individuelle Warnsignale und Institutionen informiert werden, an die sie sich wenden können. Viele Projekte haben das Ziel, das Selbstwertgefühl des Einzelnen und das Zusammengehörigkeitserleben der Klasse zu stärken. Im Zentrum stehen zumeist Versuche, die Kommunikationsfähigkeit im sozial-emotionalen Bereich und die Stressbewältigungskompetenz zu fördern. Da Jugendliche häufig Gleichaltrigen gegenüber offener sind als im Kontakt zu Erwachsenen, sind Peer-Beratungsangebote wie »U 25« (siehe WWW.U25-BERATUNG.DE) besonders wertvoll. So bieten in Freiburg geschulte Jugendliche ehrenamtlich »auf

Augenhöhe« anonyme Beratung im Netz an. Wichtige Online-Beratungsangebote für Jugendliche finden sich im Anhang.

Suizidhandlungen bei Kindern und Jugendlichen sollten wie auch bei Erwachsenen immer ernst genommen werden. Eine Bagatellisierung als »pubertäre Allüre« ist unangemessen. Vielmehr sollten die dahinterliegenden Probleme betrachtet und es sollte alles für mehr Resilienz unternommen werden.

Suizidale Krisen im höheren Lebensalter

In einer alternden Gesellschaft kommt der Beachtung der Suizidalität von Menschen im höheren Lebensalter eine immer größere Bedeutung zu (ERLEMEIER 2011; HIRSCH 2013; SCHNEIDER u. a. 2011; WÄCHTLER 2003).

Zahlen

Die Suizidraten steigen mit zunehmendem Alter an, was besonders ab dem 75. und in dramatischem Ausmaß ab dem 85. Lebensjahr zutrifft. Im Jahr 2020 etwa lagen die Suizidraten der 80- bis über 90-Jährigen in Deutschland bei den Männern um den Faktor 3,0–5,5, bei den Frauen um den Faktor 2,0–3,0 über dem Durchschnittswert der jeweiligen Geschlechtsgruppe. Der Anteil der durch Suizid verstorbenen Männer und Frauen ab dem sechzigsten Lebensjahr an allen Suiziden stieg von 39,2 Prozent im Jahr 2000 auf 48,9 Prozent im Jahr 2020, während ihr Anteil an der Gesamtbevölkerung lediglich 29 Prozent betrug. > Zahlen, Seiten 21, 28, 87

Ältere Menschen können also mit Recht als Hochrisikogruppe für Suizidalität, insbesondere für tödliche Suizidhandlungen bezeichnet werden. Hinzu kommt, dass die Dunkelziffer vermutlich noch höher ist als in den jüngeren Jahrgängen, und das nicht nur infolge ungeklärter Unfälle, sondern auch wegen der sogenannten stillen, verdeckten oder protrahierten Suizidalität, vor allem durch Unterlassungshandlungen wie etwa das bewusste Nichtbefolgen ärztlicher Empfehlungen (Unter- bzw. Überdosierung von Medikamenten) oder das absichtliche Einstellen der Nahrungs- und Flüssigkeitsaufnahme.

Die suizidalen Handlungen werden von älteren Menschen häufiger als von jüngeren mit großer Entschiedenheit und vermutlich mit geringerer appellativer Motivation durchgeführt. Hierfür spricht auch der mit dem Alter größer werdende relative Anteil sogenannter harter Suizidmethoden (vor allem Erhängen und Sturz in die Tiefe) besonders bei den Männern. Das mag auch *eine* Erklärung dafür sein, dass Suizidversuche ohne tödlichen Ausgang bei älteren Menschen seltener vorkommen als in jungen Jahren. Nach einer Schätzung, die aus Daten einer Erhebung in Würzburg abgeleitet wurde, lagen im Jahr 2006 deren jährliche Raten ab dem sechzigsten Lebensjahr bei Männern über 50/100.000 und bei Frauen über 30/100.000. > Appellative Aspekte, Seiten 68 f., 122

Suizidale Handlungen älterer Menschen erfolgen meist in der eigenen Wohnung, aber auch an Orten, die für sie eine große persönliche Bedeutung haben. Und als Zeitpunkt werden nicht selten Todestage nahestehender Menschen oder Jahrestage von emotional wichtigen Ereignissen gewählt.

Im Gegensatz zu dem überproportionalen Vorkommen an allen Suiziden begehen über 65-jährige Menschen hingegen – gemessen an ihrem Anteil an stationären Patienten – vergleichsweise seltener Kliniksuizide.

Hintergründe

Die Ursachen und Motive, die der Lebensmüdigkeit und Suizidalität älterer Menschen zugrunde liegen, sind ebenso wie in den anderen Lebensphasen vielfältig, wie die vom Nationalen Suizidpräventionsprogramm für Deutschland (NaSPro) erstellte Abbildung 8 zeigt. Allerdings ist die Wahrscheinlichkeit für das Auftreten mancher dieser Einflussfaktoren im fortgeschrittenen Alter besonders groß. Dies betrifft vor allem körperliche und psychische Erkrankungen sowie die Häufung einschneidender Ereignisse und Anpassungsanforderungen in diesem Lebensabschnitt.

ABBILDUNG 8

Einflussfaktoren für Suizidalität im Alter
(aus SCHNEIDER u.a. 2011, S. 21)

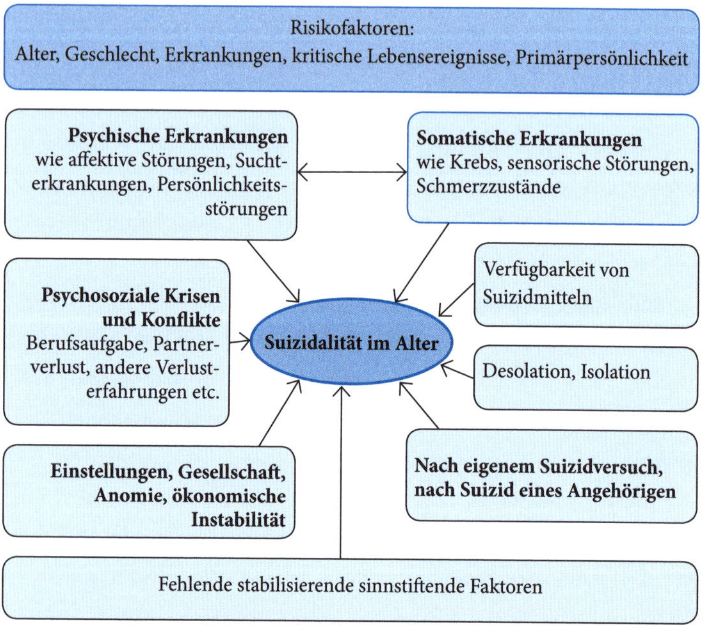

Insbesondere die folgenden Aspekte tragen entscheidend zur Suizidalität älterer Menschen bei:

Altern Im höheren Alter stellen sich häufig körperliche, seelische und geistige Veränderungen und Beeinträchtigungen ein, die keineswegs krankhaft sein müssen, aber dennoch die Fähigkeit zur Verarbeitung und Bewältigung von Anforderungen und Belastungen erschweren und so zum Entstehen kritischer, ggf. mit Todeswünschen und Suizidalität einhergehender Lebenssituationen beitragen können. Zu diesen biologischen Alterungsprozessen gehören etwa die Abnahme von Vitalität, Mobilität, geistiger Leistungsfähigkeit und Flexibilität sowie die Verschlechterung der Sinnesfunktionen, insbesondere des Seh- und Hörvermögens.

Psychische Störungen An erster Stelle stehen hier depressive Störungen, die bei einer großen Anzahl (bis zu 80 Prozent) suizidaler alter Menschen festgestellt werden können. Aber auch beginnende demenzielle Prozesse sowie Missbrauch bzw. Abhängigkeit von Alkohol oder anderen psychotropen Substanzen sind mit erhöhter Suizidalität verbunden.

Körperliche Krankheiten Im fortgeschrittenen Lebensalter nehmen körperliche Erkrankungen zu, nicht selten treten auch mehrere Leiden nebeneinander auf. Seit Langem ist bekannt, dass Krankheiten besonders dann mit einem relevanten Suizidrisiko verbunden sind, wenn sie mit starken und anhaltenden Schmerzen, Schlafstörungen, Verlust der Kontrolle über Körperfunktionen (Inkontinenz etc.) oder geringen Heilungschancen einhergehen und / oder einen chronischen Verlauf nehmen. Eine Rolle dürfte auch spielen, dass schwere Erkrankungen und die Pflegebedürftigkeit bewusster als in jüngeren Lebensjahren die begrenzte Zukunftsperspektive und die Endlichkeit des Daseins vor Augen führen.

Psychosoziale Probleme Menschen im höheren Lebensalter sind mit besonders vielen und bedeutsamen Veränderungen konfrontiert, die nahe Beziehungen und das weitere soziale Umfeld betreffen. Hierzu gehören in erster Linie Verlusterfahrungen (Tod des Partners oder anderer nahestehender Personen, Wegzug der Kinder) und aktuelle oder aktualisierte Konflikte (mit den Kindern oder anderen Angehörigen). Auch das Ende der Berufstätigkeit, das vielfach mit einem Rückgang sozialer Kontakte und gesellschaftlicher Anerkennung einhergeht, kann – häufiger bei Männern als bei Frauen – zu ernsthaften Krisen führen, was mit dem Begriff »Pensionierungsbankrott« drastisch ausgedrückt wird. Schließlich können der Verlust der eigenen Wohnung und der Umzug in ein Alters- oder Pflegeheim, insbesondere wenn dies ungewollt geschieht, und die damit verbundene Abhängigkeit von anderen Menschen Lebensmüdigkeit begünstigen und suizidale Handlungen auslösen.

Die Mehrzahl der Menschen erlebt freilich das höhere Lebensalter ohne suizidale Krisen und nur selten löst einer der genannten Einflussfaktoren allein Todeswünsche und Suizidalität aus. Das Risiko nimmt aber deutlich zu, wenn mehrere dieser Umstände gleichzeitig oder unerwartet auftreten und wenn die genannten Faktoren eine Abnahme von Autonomie und Selbstverfügbarkeit über körperliche, psychische und geistige Funktionen begünstigen, zu sozialer Isolation führen, mit einer Labilisierung und Kränkung des Selbstwertgefühls einhergehen und/oder Ängste vor Vereinsamung, Hilflosigkeit, Fremdbestimmung, Siechtum und unwürdigem Sterben auslösen. Als besonders gefährdet gelten außerdem Menschen mit zwanghaft-rigiden oder selbstunsicher-abhängigen Persönlichkeitszügen aufgrund ihrer eingeschränkten Fähigkeit, sich auf neue oder veränderte Situationen einzustellen, ebenso wie narzisstisch strukturierte Personen, die die Einschränkungen der Autonomie infolge der zunehmenden Beeinträchtigungen körperlicher und geistiger Funktionen und das Angewiesensein auf andere als kränkend erleben.

Anders als bei jungen Menschen treffen suizidale Handlungen älterer Menschen auf größere soziale Akzeptanz. Ihr selbst gewählter Tod wird – unter Hinweis auf deren Krankheiten, Leiden und Gebrechen – häufig als nachvollziehbare »Erlösung« wahrgenommen oder als rationaler Suizid verstanden. »Herr Y. wollte seinen Angehörigen nicht weiter zur Last fallen« oder »Frau Z. hat ihr Leben doch gelebt« heißt es dann. Auch werden den therapeutischen Bemühungen bei alten Menschen geringere Erfolgsaussichten unterstellt.

Eine solche Haltung ist in nicht unerheblichem Umfang Folge eines altersfeindlichen gesellschaftlichen Klimas und eines negativen

Altersbildes, das durch Diskriminierung, Ausgrenzung und Resignation hinsichtlich auch noch im höheren Alter hilfreicher und im Leben haltender Interventionen charakterisiert ist. Insofern ist die nicht selten zu hörende Befürchtung berechtigt, ältere Menschen könnten sich einem sozialen Druck ausgesetzt fühlen, durch ihren vorzeitigen, selbst herbeigeführten Tod – im Sinne eines »altruistischen Abtretens« – ein erwünschtes Opfer zu bringen.

Erkennen, Behandeln, Vorbeugen

Die wesentlichen Elemente von Diagnostik, Krisenintervention und Prävention der Suizidalität älterer Menschen unterscheiden sich nicht grundsätzlich von den allgemeinen Prinzipien, wie sie in den entsprechenden Kapiteln erläutert werden.

Auf einige Besonderheiten soll aber doch hingewiesen werden. So neigen unserer Erfahrung nach speziell alte Menschen aus Scham- und Schuldgefühlen dazu, Lebensmüdigkeit, Todeswünsche und Suizidalität zu bagatellisieren oder zu verleugnen. Besonders bei Verlust des Partners, massiven Konflikten mit engen Angehörigen, ungewollter Aufgabe der eigenen Wohnung oder schweren körperlichen Erkrankungen, die die Lebensqualität stark beeinträchtigen oder zu Pflegebedürftigkeit führen, sollte an die Möglichkeit suizidaler Krisen gedacht werden. Auch indirekte Hinweise, etwa die Vernachlässigung von Hygiene und Ernährung oder von medizinisch erforderlichen Maßnahmen, gilt es zu berücksichtigen.

DEPRESSIONEN Ganz besonders sollten Helfende auf depressive Episoden achten, die sich im Rahmen affektiver Störungen, aber auch reaktiv als Folge psychosozialer Schwierigkeiten entwickeln und in suizidale Krisen münden können. Depressionen werden bei älteren Menschen besonders oft nicht erkannt, nicht nur weil die Klagen als alterstypisch und nicht als krankhaft eingeschätzt werden, sondern auch wegen der eher untypischen Symptomatik. Depressionen zeichnen sich im höheren Lebensalter häufig gerade nicht durch das Kernsyndrom (depressive Stimmung, Freudlosigkeit, Antriebsmangel) aus, sondern eher durch vielfältige körperliche Beschwerden, Klagen über Beeinträchtigungen von Gedächtnis und Konzentration, Unruhe und Ängste sowie dysphorisch-reizbare Verstimmungen.

Neben den Angehörigen hat vor allem der Hausarzt, den gerade ältere Menschen sehr viel häufiger aufsuchen als Einrichtungen der psychiatrisch-psychotherapeutischen Hilfen, die Möglichkeit, Todeswünsche und suizidale Krisen frühzeitig zu erkennen. Bei einem entsprechenden Verdacht sollte daher einfühlsam, aber auch sehr klar und direkt nach entsprechenden Gedanken und Plänen gefragt werden. Eine besonders günstige Gelegenheit, über dieses Thema ins Gespräch zu kommen, ermöglichen Hausbesuche, die nicht nur von Hausärzten, sondern auch von Mitarbeitern von Pflege- oder sozialpsychiatrischen Diensten durchgeführt werden können.

KRISENINTERVENTION Die Krisenintervention bei lebensmüden und suizidalen älteren Menschen zielt neben der unmittelbaren Beseitigung von Gefährdungsmomenten auf konkrete alltagsorientierte Hilfen und häufig auch auf das Erschließen neuer Kontakte und Unterstützung im sozialen Umfeld. Hierbei sollten – wann immer möglich und sinnvoll und mit Einverständnis des Betroffenen – Angehörige einbezogen werden. Weiterführende therapeutische Interventionen müssen sich an den Hintergründen der suizidalen Krise orientieren: die Behandlung körperlicher Erkrankungen, eine gute palliativmedizinische Versorgung, die Therapie psychischer, insbesondere depressiver Störungen oder die Unterstützung bei der Bewältigung von konflikthaften Situationen, Selbstwertproblemen sowie Trennungen oder Verlusten. Das Ziel psychotherapeutischer Bemühungen wird nicht selten in einer Aussöhnung mit der gegebenen Situation, zumindest ihrer Akzeptanz, sowie in Trauerarbeit über das Verlorene bestehen.

Suizidpräventive Maßnahmen für Menschen im höheren Lebensalter beinhalten neben einer umfassenden individuellen medizinischen Versorgung den Ausbau altersentsprechender Hilfeangebote (etwa ambulante Pflege, Hospizarbeit, aufsuchende und nachsorgende Beratung und Krisenintervention), Aufklärung sowohl der Allgemeinbevölkerung als auch besonders von professionellen Helfern über Risikofaktoren und Interventionsmöglichkeiten bei Alterssuizidalität sowie eine sachgerechte Berichterstattung in den Medien. Nicht zuletzt können die frühzeitige Beschäftigung mit dem Alter und die Vorwegnahme der vermutlich eintretenden Verluste und Autonomieeinbußen sowie die Inanspruchnahme von Beratung und Vorsorge durch jeden Einzelnen dem Auftreten suizidaler Krisen entgegenwirken.

Therapeutische Hilfen tragen auch bei alten Menschen zur Verbesserung ihres Lebensgefühls bei. Insbesondere Depressionen werden häufig nicht erkannt, sondern als bloßes Klagen über die nun mal unumgänglichen Veränderungen durch das Altern fehlgedeutet. Psychiatrisch Tätige sollten nach der lebensweltlichen Situation der alten Menschen fragen.

Erkennen und Beurteilen von Suizidalität

Weder das Erkennen von Suizidalität noch die Beurteilung der hiermit verbundenen aktuellen Gefährdung ist mit absoluter Sicherheit möglich. Diese Feststellung verweist auf die Grenzen unserer Möglichkeiten, Lebensmüdigkeit stets sicher wahrzunehmen und suizidalen Handlungen rechtzeitig vorzubeugen. Allerdings darf diese prinzipiell zutreffende Erkenntnis nicht dazu führen, dass wir ohne die erforderliche Sorgfalt mit suizidgefährdeten Menschen umgehen.

Wie kann Suizidalität erkannt und in ihrem Ausmaß zumindest annäherungsweise eingeschätzt werden? Nach einer Charakterisierung der Umstände, unter denen Professionelle mit lebensmüden Menschen in Kontakt kommen können, werden Merkmale suizidalen Erlebens und Verhaltens sowie der Verlauf suizidaler Krisen erläutert und Anhaltspunkte zur Beurteilung des aktuellen Gefährdungsgrades gegeben. Daraus lassen sich Hinweise zur Gesprächsführung gewinnen, die das Erkennen und Beurteilen suizidaler Krisen erleichtern.

Selbst bei der Berücksichtigung aller Risikomomente gibt es keine absolute Sicherheit im Erkennen von Suizidalität.

Umstände der Begegnung mit suizidalen Klientinnen und Klienten

Es sind kaum Situationen denkbar, in denen Helferinnen und Helfer, die in psychosozialen und psychiatrischen Institutionen tätig sind, nicht mit lebensmüden Mitmenschen konfrontiert sein können. Im Wesentlichen lassen sich drei Umstände abgrenzen:

Nach einem Suizidversuch Klienten kommen nach einem Versuch, sich das Leben zu nehmen, in eine Beratung oder Behandlung, sei es ambulant oder stationär. Dies kann auf eigenen Wunsch oder auf Drängen von Angehörigen geschehen, durch Zuweisung niedergelassener Ärzte bzw. anderer Therapeuten oder nach einer internistischen bzw. chirurgischen Versorgung, die etwa wegen einer Intoxikation oder nach Verletzungen erforderlich gewesen ist. Während einer stationären organmedizinischen Behandlung findet häufig eine Konsiliaruntersuchung durch einen Psychiater oder eine Psychotherapeutin statt. In zahlreichen Fällen erfolgt anschließend eine ambulante psychiatrische oder psychotherapeutische Weiterbehandlung oder die Verlegung auf eine entsprechende Station. Die stationäre Übernahme geschieht zumeist mit Einverständnis der Klienten und Klientinnen, unter bestimmten Umständen und unter Berücksichtigung rechtlicher Vorgaben kann sie aber auch gegen ihren Willen erfolgen.

Bei bekannter Suizidalität Hier ist die Suizidalität entweder Anlass für die Kontaktaufnahme mit dem psychiatrischen bzw. psychosozialen Hilfesystem oder sie offenbart sich bzw. entwickelt sich erst während einer Therapie. Im ersten Fall suchen Klientinnen und Klienten wegen akuter oder seit längerer Zeit bestehender Lebensmüdigkeit eine psychosoziale Beratung oder psychiatrisch-psychotherapeutische Behandlung auf. Dies kann ebenfalls aus eigenem Antrieb geschehen, auf Veranlassung von Angehörigen und Freunden oder auf Rat des Hausarztes. Auch dieser Kontakt kommt in den allermeisten Fällen auf freiwilliger Basis zustande. Es wird dann zunächst zu klären sein, welcher Behandlungsrahmen – ambulant, tagesklinisch oder stationär – angemessen ist. In dem anderen Fall, in dem die Suizidalität während einer Behandlung auftritt, muss überlegt werden, inwieweit das bisherige Setting verändert werden muss und ob ggf. die Beratung oder Therapie von einer anderen Person weitergeführt werden sollte.

Bei vermuteter Suizidalität Schließlich können unterschiedliche verbale oder nonverbale Hinweise im Erstkontakt oder während einer laufenden Betreuung, Beratung oder Therapie dazu führen, dass bei einem Klienten Lebensmüdigkeit vermutet wird. Hier gilt es, zunächst festzustellen, ob *tatsächlich* Suizidalität vorhanden ist, um danach deren Ausmaß zu beurteilen und angemessene (Behandlungs-)Schritte einzuleiten. > Gesprächsführung, Seiten 76, 131 f.

Risikoindikatoren

Es gibt zahlreiche Merkmale, die auf Suizidalität hinweisen und zur Beurteilung des (aktuellen) Gefährdungsgrades herangezogen werden können. Gerade für Personen in psychosozialen Berufen ist es wichtig, diese erkennen und in ihrer Bedeutung einschätzen zu können. Allerdings ist auch die Kenntnis aller Risikomomente keine Garantie dafür, die Suizidalität eines Menschen sicher beurteilen zu können. So lassen sich nach vielen Suiziden sogar im Rückblick keine eindeutigen Warnsignale finden, das Befinden der Betroffenen wurde im Gegenteil sogar häufig als gebessert eingeschätzt.

Weiterhin sollte man sich immer wieder vergegenwärtigen, dass die meisten Personen nicht mit einer suizidalen Krise reagieren, für die eines oder mehrere der folgenden Merkmale zutreffen, die wir in vier Bereiche unterteilen: Risikogruppen, Risikosituationen, Risikobefindlichkeiten und Risikosignale.

RISIKOGRUPPEN Aus vielen Untersuchungen weiß man, dass sowohl bestimmte soziodemografische Merkmale als auch einige Aspekte, die mit bestimmten Erkrankungen zusammenhängen und die wir bereits als Risikofaktoren genannt haben (siehe Abbildung 1), die Wahrscheinlichkeit für Suizidalität erhöhen. Ihre Kenntnis sollte uns sensibilisieren, bei Menschen mit den entsprechenden Merkmalen an die Möglichkeit suizidalen Erlebens und Verhaltens zu denken. Es handelt sich dabei um:

- allein lebende, vereinsamte, isolierte Menschen,
- ältere Männer (für Suizid) bzw. jüngere Frauen (für Suizidversuch),
- arbeitslose Menschen,
- traumatisierte Menschen (durch Krieg, Folter, Verfolgung, Vergewaltigung),
- Menschen mit psychischen Erkrankungen, insbesondere depressiven Störungen, schizophrenen Psychosen, Abhängigkeits- und Persönlichkeitsstörungen,
- Menschen mit zwei oder mehreren psychischen Krankheiten (Komorbidität),
- Menschen in psychosozialen Krisen, vor allem bei schwerwiegenden Beziehungsproblemen und Verlusterfahrungen,
- Menschen mit Suizidalität (insbesondere Suizidversuchen) in der Vorgeschichte,
- Menschen mit Suiziden in der Familie und im näheren sozialen Umfeld,
- Menschen, die bereits mehrfach stationär-psychiatrisch behandelt worden sind, insbesondere wenn die Abstände zwischen den Behandlungen kürzer werden,
- Menschen mit lebensbedrohlichen (etwa Krebs, Aids), schmerzhaften oder auf andere Weise stark beeinträchtigenden Erkrankungen (Tinnitus, dialysepflichtige Niereninsuffizienz etc.), insbesondere bei chronischem Verlauf.

RISIKOSITUATIONEN Im Folgenden sind die wichtigsten Situationen aufgeführt, die häufig suizidale Krisen auslösen. Auch für diese Ereignisse gilt, dass ihr Auftreten nur bei wenigen Menschen mit einer Lebensmüdigkeit einhergeht, dass das statistische Risiko hierfür aber doch erhöht ist.

An erster Stelle müssen tatsächliche, bevorstehende oder (nur) befürchtete Verluste genannt werden. Hierbei kann es sich um den Tod eines Angehörigen handeln oder um das Scheitern einer Partnerschaft. Wir erinnern uns aber auch an einige Klienten, bei denen eine suizidale Krise ausgelöst wurde, nachdem ihr Haustier gestorben war.

An zweiter Stelle stehen Kränkungen und Zurückweisungen, die Menschen in ihrem privaten und beruflichen Umfeld erleben. Beispiele sind etwa die »Untreue« des (Ehe-)Partners oder das Ausbleiben einer beruflichen Beförderung, mit der fest gerechnet worden war, oder auch anderer Gratifikationen, auf die eine Person lange hingearbeitet hatte.

Für sehr viele Menschen gehen Zeiten körperlicher, seelischer und sozialer Veränderungen und Umbrüche mit tiefgreifenden Verunsicherungen im Hinblick auf die eigene Identität und die weitere Lebensperspektive einher. Hierzu gehören vor allem Pubertät, Wochenbett, Klimakterium und Pensionierung. Insbesondere wenn in diesen Lebensabschnitten zusätzliche negative Ereignisse eintreten, können sich suizidale Krisen entwickeln.

Eine weitere Gruppe von suizidalitätsfördernden Situationen umfasst Überforderungen und Überlastungen im privaten und beruflichen Bereich, denen man sich nicht gewachsen fühlt, beispielsweise die Doppelbelastung erwerbstätiger Mütter mit kleinen Kindern oder Zeiten extremer Anforderungen im Beruf bei gleichzeitigen Partnerschaftsproblemen.

Schließlich seien durch Entwurzelung charakterisierte Situationen wie Umzug, Umsiedlung oder Migration genannt, die durch die mit ihnen einhergehenden und meist mehrere Lebensbereiche betreffenden Änderungen eine Suizidalität begünstigen können. Recht häufig sind etwa Menschen mit Migrationshintergrund betroffen, die ihre sozialen Bindungen im Herkunftsland verloren und sich in ihrer neuen Heimat noch nicht integriert haben sowie mit einem erheblichen Absinken des sozialen Status konfrontiert sind (Calliess u. a. 2008b).

Weitere Situationen, die mit einem deutlich erhöhten Risiko für Suizidalität einhergehen, betreffen die Auswirkungen wirtschaftlicher Probleme (etwa Arbeitslosigkeit, Schulden, Obdachlosigkeit), Verkehrsunfälle, insbesondere wenn diese selbst verschuldet und / oder dabei andere Menschen zu Tode gekommen sind, sowie (drohende) Kriminalisierung (im Zusammenhang mit Gerichtsverhandlungen oder bei Verurteilungen bzw. in der Haft). So hat sich ein fünfzigjähriger Geschäftsmann, dem – aus seiner Sicht zu Unrecht – größere Unterschlagungen vorgeworfen wurden, im Vorfeld des Prozesses Zyankali besorgt, um im Falle der Verurteilung zu einer Gefängnisstrafe Suizid begehen zu können.

Im Vorfeld suizidaler Handlungen finden sich häufig Beziehungsprobleme, Verlustereignisse, Kränkungen, Überforderungen privater oder beruflicher Natur sowie wirtschaftliche Schwierigkeiten.

Die speziell bei psychisch kranken Menschen bekannten Risikosituationen, etwa überfordernde Rehabilitationsmaßnahmen, Verlust konkreter Zukunftsaussichten oder die erste Zeit nach der Entlassung aus einer stationär-psychiatrischen Behandlung, wurden bereits erörtert. > Hintergründe, Seiten 35 ff., 55 f., 89 f.

RISIKOBEFINDLICHKEITEN Gegenüber der Zugehörigkeit zu bestimmten Risikogruppen oder dem Auftreten bestimmter Risikosituationen ist die aktuelle Befindlichkeit ein sehr viel wichtigeres Kriterium für das Erkennen und Beurteilen der akuten Suizidalität im Einzelfall. Da sich das Erleben und Verhalten suizidaler und depressiver Menschen in hohem Maße überschneidet, trifft ein Großteil der folgenden Merkmale für beide Befindlichkeiten zu:

- Gefühle der Niedergeschlagenheit und Resignation,
- Hilf- und Hoffnungslosigkeit,
- Fehlen von Perspektiven und Sinn im Leben,
- Ohnmacht und Verzweiflung,

- Interesse- und Freudlosigkeit,
- vermindertes Selbstwertgefühl,
- Schuld- und Insuffizienzgefühle,
- Selbstvorwürfe und Selbstbestrafungstendenzen,
- Überzeugung, anderen Menschen zur Last zu fallen,
- unerträgliche psychische Schmerzen,
- Ärger und Wut, insbesondere wenn diese Gefühle unterdrückt bzw. gegen die eigene Person gerichtet werden,
- ausgeprägte Verminderung oder deutliche Steigerung des Antriebs,
- massive Angst- und Unruhezustände,
- gesteigerte Impulsivität,
- gravierende Schlafstörungen,
- anhaltendes und quälendes Grübeln,
- wahnhaftes Erleben (insbesondere Schuld-, Versündigungs-, Untergangs- und Verfolgungswahn),
- akustische Halluzinationen (insbesondere beschimpfende, anklagende und zum Suizid auffordernde Stimmen).

RISIKOSIGNALE Unter Risikosignalen schließlich verstehen wir verbale und nonverbale Hinweise im unmittelbaren Kontakt sowie Angaben des Betroffenen über Haltungen, Verhaltensweisen und Erlebnisse, die im Rahmen suizidaler Krisen auftreten können. Direkte Ankündigungen sind recht häufig, sie kommen in bis zu 75 Prozent im Vorfeld suizidaler Handlungen vor. Auf jeden Fall sollten sie ernst genommen werden. Sie können zwar zunächst rein appellativen Charakter haben, aber schließlich doch in die Tat umgesetzt werden, vor allem wenn auf sie nicht angemessen reagiert wird. > Appellative Aspekte, Seiten 55 f., 122

Häufig wird suizidales Erleben in Form indirekter sprachlicher Hinweise ausgedrückt (siehe Abbildung 9), die etwa frustrierte psychische Bedürfnisse oder den Wunsch nach Ruhe, Pause, Unterbrechung thematisieren. Auch bei Menschen, die von Sturz-, Selbstvernichtungs- und Katastrophenträumen berichten, sollte Suizidalität abgeklärt werden. Sehr häufig treten konkrete Verhaltensweisen auf, die auf Lebensmüdigkeit hinweisen können. Beispielsweise vernachlässigen Menschen Tätigkeiten oder Gewohnheiten, die ihnen zuvor besonders wichtig waren, sie verschenken persönliche Dinge, sie fangen an, sich um ihren Nachlass Gedanken zu machen, oder ihre Kontakte bekommen den Charakter von Abschiedsgesten.

In den Wochen vor einer suizidalen Handlung klagen die Betroffenen häufig über unspezifische körperliche oder seelische Störungen ihrer Befindlichkeit oder über diffuse psychosoziale Probleme. Mit diesen Klagen wenden sie sich häufig an ihren Hausarzt, zum Teil in ungewöhnlich kurzen Abständen. Ein weiteres Risikosignal ist Gleichgültigkeit gegenüber der eigenen Gesundheit, vor allem wenn dies für den Betroffenen bisher untypisch war. Diese kann sich beispielsweise äußern als nur noch unregelmäßige Einnahme von Medikamenten, als Vernachlässigung gesundheitsbezogener Verhaltensweisen bei chronischen Erkrankungen (etwa Bluthochdruck- oder Blutzuckerkrankheit) oder als exzessiver Konsum von Alkohol und anderen psychotropen Substanzen. Schließlich sei auf riskantes Verhalten im Straßenverkehr (insbesondere rücksichtsloses Autofahren), das Betreiben von Risikosportarten (insbesondere bei erstmaliger Aufnahme entsprechender Hobbys) sowie die Häufung von Unfällen aller Art hingewiesen.

Suizidalität lässt sich häufig aufgrund von Verhaltenssignalen oder indirekten sprachlichen Hinweisen vermuten. Solchen Hinweisen sollte nachgegangen werden.

ABBILDUNG 9

Indirekte sprachliche Hinweise auf suizidale Krisen (nach DORRMANN 2009)

»Ich falle jedem zur Last.«
»Ich mache das nicht mehr mit.«
»Ich möchte, dass das alles aufhört.«
»Ich schaffe das nicht mehr.«
»Wenn ich mal nicht mehr (da) bin.«
»Mein ganzes Leben ist sinnlos gewesen.«
»Manchmal möchte ich nur noch schlafen.«
»Leben Sie wohl.« (Statt: »Auf Wiedersehen.«)
»Wenn ich meinen Glauben nicht hätte, hätte ich schon längst aufgegeben.«
»Es gibt auch noch einen anderen Weg.«
»Ich will einfach Ruhe haben, nichts mehr hören und sehen.«

Verlauf suizidaler Krisen

Suizidale Krisen können in ausgesprochen unterschiedlichem Tempo ablaufen. So gibt es zweifellos die recht plötzlich – innerhalb von Minuten bis wenigen Stunden – auftretende Lebensmüdigkeit, die dann auch unmittelbar in eine suizidale Handlung münden kann. Bei solchen Selbsttötungsversuchen, die vor allem im Rahmen depressiver und schizophrener Erkrankungen vorkommen können, sind die Möglichkeiten zur Intervention und Prävention ausgesprochen gering. Sehr viel häufiger entwickelt sich Suizidalität aber über einen längeren Zeitraum, oft über Wochen bis Monate, was Möglichkeiten zur Vorbeugung eröffnet. Der Ablauf ist dabei in vielen Fällen recht charakteristisch.

Zwei österreichische Psychiater, Erwin Ringel und Walter Pöldinger, der in der Schweiz tätig war, haben diesen Verlauf modellhaft beschrieben. Zusammen mit Hinweisen zur Art der Interaktion zwischen Klient und Therapeut, wie sie der Göttinger Psychiater und Psychoanalytiker

Jürgen Kind erläutert hat, können diese Überlegungen Hinweise zum Stadium der suizidalen Krise und dadurch auch zu angemessenen Interventionsmöglichkeiten geben.

PRÄSUIZIDALES SYNDROM Erwin RINGEL (2002) hat aufgrund seiner Erfahrungen mit mehr als siebenhundert Menschen nach einem Suizidversuch eine charakteristische psychische Befindlichkeit beschrieben, die bei vielen der lebensmüden Menschen vorhanden ist. Er nannte diese Konstellation »präsuizidales Syndrom«, das sich aus drei Komponenten – Einengung, Aggressionsstau bzw. -umkehr, Suizidfantasien – zusammensetzt, die gleichzeitig, aber auch nacheinander auftreten können (siehe Abbildung 10). Zunächst kommt es zu einer immer stärkeren *Einengung im Erleben* der eigenen Person und der Umwelt. Darunter ist insbesondere ein Verlust von Denk- und Verhaltensmöglichkeiten zu verstehen, der sich vornehmlich als Resignation, Rückzug und Abnahme sozialer Kontakte bis hin zur Vereinsamung äußert. Weiterhin entstehen *aggressive Gefühle und Impulse,* die sich allmählich aufstauen und sich überwiegend gegen die eigene Person richten. Schließlich treten *Suizidfantasien* auf, die zunächst bewusst herbeigeführt werden, sich dann aber auch aufdrängen können. Solche gegen den eigenen Willen auftretende Fantasien sind als besonders gefährlich einzuschätzen.

ABBILDUNG 10

Präsuizidales Syndrom (nach RINGEL 1953)

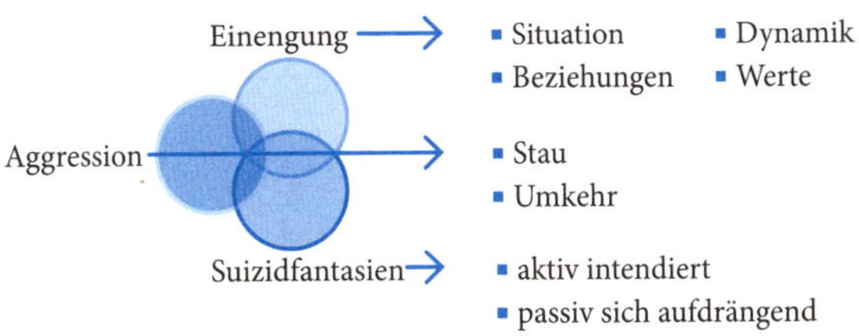

PHASEN Walter Pöldinger (1968) unterscheidet in seinem Konzept suizidaler Krisen drei Phasen (siehe Abbildung 11). Im Stadium der *Erwägung* wird der Suizid als Problemlösung ernsthaft in Betracht gezogen, akute Selbstgefährdung besteht jedoch noch nicht. Hierbei können suizidale Handlungen im sozialen Umfeld und Berichte in den Medien durchaus bahnend wirken. Das darauffolgende Stadium der *Ambivalenz* ist durch Unschlüssigkeit und wechselnde Distanzierungsfähigkeit im Hinblick auf suizidales Erleben und Verhalten gekennzeichnet. In dieser Phase gehen von dem Betroffenen häufig direkte Hilferufe aus und er sucht vermehrt Kontakt zu anderen Menschen. Das Stadium des *Entschlusses* schließlich geht mit allenfalls indirekten Äußerungen von Suizidalität sowie sehr häufig mit einem plötzlichen Verschwinden von Verzweiflung und Unruhe einher. Die Klientinnen und Klienten wirken dann recht ausgeglichen und abgeklärt, was von der Umgebung oft als Abklingen oder Ende der suizidalen Krise wahrgenommen wird. Dieses auch als »Ruhe vor dem Sturm« bezeichnete Phänomen kommt dadurch zustande, dass die Betroffenen die Ambivalenz hinter sich gelassen und den Entschluss zur Ausführung einer suizidalen Handlung gefasst haben. Diese auf den ersten Blick häufig als positiv wahrgenommene Verhaltensänderung sollte also als ein Alarmsignal verstanden werden.

ABBILDUNG 11

Phasen der Suizidalität (nach Pöldinger 1968)

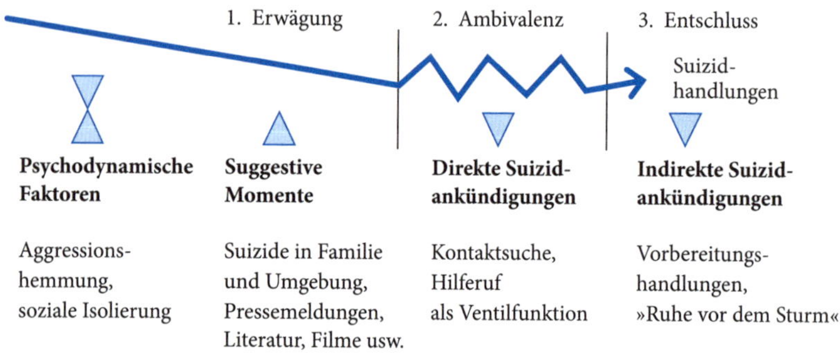

THERAPEUTISCHE BEZIEHUNG Jürgen Kind (2011) hat darauf aufmerksam gemacht, dass auch die Art der Beziehung zwischen Therapeut und Klient zur Einschätzung der Suizidalität nützlich sein kann. Er unterscheidet drei Formen: Eine *interaktionsreiche* Beziehung ist durch heftige Gefühle auf beiden Seiten charakterisiert – der Klient ist verzweifelt, enttäuscht und ohnmächtig, der Therapeut fühlt sich manipuliert, schuldig und wütend. Diese Konstellation spricht für eine ernste, aber therapeutisch handhabbare Suizidalität bei erhaltender Bündnisfähigkeit des Klienten. Die *interaktionsarme* Beziehungsform, bei der sich der Klient resigniert bis apathisch verhält und der Therapeut sich überflüssig fühlt oder besorgt ist, kann große Suizidalität bei unsicherer Bündnisfähigkeit anzeigen. Ist der Klient überwiegend gelassen und der Therapeut erleichtert oder allenfalls skeptisch, kann dies auf eine besonders ausgeprägte Suizidalität bei geringer Bündnisfähigkeit hinweisen. Jürgen Kind hat für diesen Beziehungstypus den Ausdruck *pseudostabile* Interaktion geprägt.

Unserer Erfahrung nach können diese drei Formen ineinander übergehen, wobei die Abfolge – interaktionsreich, interaktionsarm, pseudostabil – auch Ausdruck eines misslingenden Beratungs- bzw. Behandlungsprozesses sein kann. > Beziehungsgestaltung, Seiten 96 ff., 140

Beurteilung des Gefährdungsgrades

Während die zuvor aufgeführten vier Gruppen von Risikoindikatoren dafür sensibilisieren sollen, an die Möglichkeit suizidalen Erlebens und Verhaltens bei Klienten zu denken, wollen wir in diesem Abschnitt auf Kriterien hinweisen, die sich besonders zur Einschätzung des *aktuellen* Gefährdungsgrades eignen. Es geht also um die Beantwortung der Frage, wie ausgeprägt das Risiko ist, dass sich der Klient jetzt bzw. in der unmittelbaren Zukunft tatsächlich etwas antut. Zunächst sei aber noch einmal betont, dass im Einzelfall ebenso wie beim Erkennen von Suizidalität auch hier eine absolut sichere Beurteilung nicht möglich ist. Unter Berücksichtigung dieser Einschränkung lassen sich dennoch einige Kriterien nennen, die für diese schwierige Aufgabe herangezogen werden können. Die jeweils aufgeführten Faustregeln sollten nicht als starre Richtlinien, sondern als Orientierungshilfen verstanden werden:

Position im Suizidalitätsspektrum Es macht einen großen Unterschied aus, ob ein Mensch den Wunsch nach Ruhe oder nach einer Pause im Leben äußert oder ob er bereits Möglichkeiten der Selbsttötung überlegt oder gar geplant hat.

REGEL Je mehr ein Klient das suizidale Kontinuum in Richtung konkrete Pläne oder Vorbereitungen für einen Suizidversuch durchlaufen hat und je geringer seine Distanzierungsfähigkeit gegenüber suizidalen Impulsen ist, desto größer ist der Handlungsdruck und damit auch das Risiko.

Phase im Verlauf suizidaler Krisen Das tatsächliche Gefährdungspotenzial ist im zeitlichen Ablauf suizidaler Entwicklungen unterschiedlich ausgeprägt. Im Hinblick auf die erwähnten Konzepte bedeutet dies, dass eine Entwicklung in Richtung Suizidfantasien (Ringel), Stadium des Entschlusses (Pöldinger) und pseudostabile Beziehungsgestaltung (Kind) eine Zunahme der Gefahr anzeigt.

REGEL Je weiter sich die Klientin in eine suizidale Krise verstrickt hat, desto stärker ist sie durch eine suizidale Handlung gefährdet.

Umstände der (geplanten) suizidalen Handlung Die Art und Weise, wie eine suizidale Handlung vorbereitet und durchgeführt wird, lässt ebenfalls Rückschlüsse auf das Ausmaß der Lebensmüdigkeit zu. Hier ist etwa an das Verschweigen entsprechender Gedanken und Pläne, an Vorbereitungen für die Zeit nach dem Tod (etwa Verschenken von Wertgegenständen, Abschiedsbrief, Testament) oder an Maßnahmen gegen vorzeitiges Entdecktwerden und rettende Interventionen zu denken. Meistens kann dieser Aspekt erst nachträglich beurteilt werden.

REGEL Je mehr der Klient seine suizidalen Gedanken, Planungen und Handlungen verbirgt, desto höher sollte das Gefährdungspotenzial eingeschätzt werden.

Psychische Befindlichkeit Unter den Risikomerkmalen wurden bereits die wichtigsten Befindlichkeiten aufgeführt, die auf Suizidalität hinweisen können. Für die Beurteilung des aktuellen Gefährdungspotenzials sind Hoffnungs- und Perspektivlosigkeit sowie quälendes depressives oder bedrängendes wahnhaftes und halluzinatorisches Erleben von besonderer Bedeutung.

REGEL Je weniger ein Ausweg aus der aktuellen Situation als möglich erscheint und je ausgeprägter die Einschränkungen der Einsichts- und Steuerungsfähigkeit aufgrund der psychischen Befindlichkeit sind, insbesondere bei psychotischem Erleben, desto größer ist das suizidale Risiko einzuschätzen.

Risikokombinationen Verständlicherweise macht es einen großen Unterschied aus, ob nur eines der genannten Risikomerkmale vorliegt oder ob es zu einer Kombination mehrerer gekommen ist. Beispielsweise sei etwa an alte, vereinsamte, depressive Menschen oder chronisch körperlich Kranke gedacht, die zusätzlich psychosoziale Belastungen erleben.

REGEL Je größer die Anzahl an Risikomerkmalen, desto höher ist das – zumindest statistisch erwartbare – Gefährdungspotenzial.

Kooperationsfähigkeit Ganz wesentlich zur Beurteilung des suizidalen Risikos eines Klienten trägt seine aktuelle Bereitschaft zur Kooperation mit professionellen Helferinnen und Helfern bei. Diese lässt sich häufig allerdings nicht zuverlässig einschätzen, zumal sie im Verlauf ausgesprochen starken Schwankungen unterliegen kann.

REGEL Je geringer die Bereitschaft ist, das Angebot professioneller Hilfe wahrzunehmen, und je eingeschränkter die Bündnisfähigkeit des Klienten ist, desto größer ist das suizidale Risiko anzunehmen.

Protektive Ressourcen In kaum einer suizidalen Krise sind ausschließlich lebensverneinende Motive wirksam. Fast immer lassen sich, wenn oft auch nur in geringem Umfang, lebensbejahende Faktoren finden wie partnerschaftlicher und familiärer Rückhalt.

REGEL Je weniger die Klientin aktuell über bindende, im Leben haltende Faktoren verfügt, desto größer sollte das Selbstgefährdungspotenzial eingeschätzt werden. > Protektive und Risikofaktoren, Seiten 25 ff., 56, 64 ff., 83, 122

Das Gespräch zur Beurteilung der Suizidalität

Es gibt keine bessere Möglichkeit zur Beurteilung der Suizidalität als ein Gespräch mit dem betroffenen Menschen. Eine entscheidende Voraussetzung, um einen hilfreichen Gesprächszugang zu einem Menschen in einer suizidalen Krise oder nach einem Suizidversuch zu bekommen, ist die Gestaltung einer durch Vorurteilsfreiheit, Verständnis, Respekt und Wertschätzung charakterisierten Beziehung.

BEZIEHUNGSGESTALTUNG Wir müssen uns immer wieder klarmachen, dass sich eine solche Beziehung nicht von selbst einstellt, sondern einiger persönlicher und fachlicher Voraussetzungen, insbesondere einer beziehungsfördernden Grundhaltung bedarf. Hierzu gehören neben Einfühlungsvermögen und Offenheit vor allem die Akzeptanz suizidalen Verhaltens als Ausdruck seelischer Not, eigene psychische Stabilität, insbesondere die Fähigkeit, sich durch die Sorge um das Leben des Klienten nicht lähmen zu lassen, sowie Verlässlichkeit, Sorgfalt und natürlich fachliche Kompetenz. Schließlich sollten professionelle Helferinnen und Helfer in der Lage sein, vorübergehende eigene Unsicherheit und auch Ablehnung durch den Klienten ertragen zu können, ohne das Bemühen um eine hilfreiche Beziehung aufzugeben. > Beziehungsgestaltung, Seiten 73, 96 ff., 140

Elemente einer beziehungsfördernden Grundhaltung sind (nach KOZEL 2015):

- den anderen annehmen, wie er ist,
- dort anfangen, wo der andere steht,
- zeigen, dass man Kontakt aufnehmen möchte,
- Distanzierung, Objektivierung und Verallgemeinerung vermeiden,
- auf Theoretisieren, Argumentieren und Belehren verzichten,
- eigene Maßstäbe nicht an das Erleben und Verhalten des anderen anlegen,
- sich an den Bedürfnissen des anderen orientieren,
- die eigenen Gefühle – als mögliche Hinweise auf Signale des anderen – wahrnehmen.

Besonders wichtig ist es, einige – häufig unbewusste – Einstellungen zu kennen, die eine solche Beziehungsaufnahme behindern können. So besteht etwa die Gefahr, durch unreflektierte Identifikation mit der suizidalen Person und durch unkritische Übernahme ihrer Sicht den Todeswunsch und damit die suizidalen Tendenzen zu verstärken. Ähnliche Folgen kann es haben, wenn der Therapeut Suizidalität grundsätzlich verurteilt und deshalb den Betroffenen ablehnt und zurückweist. Eine solche Erfahrung, nämlich unverstanden und abgelehnt zu werden, kann lebensmüden Menschen unter Umständen den letzten Anstoß zu einer suizidalen Handlung geben. Für psychiatrisch Tätige – und für alle Helfenden, die professionellen Umgang mit lebensmüden Menschen haben – ist es also ausgesprochen wichtig, Klarheit über die eigene Haltung gegenüber Suizidalität zu gewinnen. > Eigene Haltung, Seiten 36, 127

Die Gestaltung einer hilfreichen Beziehung wird durch günstige situative Bedingungen gefördert. So macht es sicher einen Unterschied, ob ein ruhiges Zimmer zur Verfügung steht oder ob der Kontakt durch Hektik und Lärm – etwa in der Küche eines Wohnheims oder auf einer Intensivstation – beeinträchtigt wird. Auch sollte bedacht werden, dass ein Gespräch mit einem suizidalen Menschen nicht in wenigen Minuten geführt werden kann. Da aber auch bei Krisen der erste Ansprechpartner nicht immer unbegrenzt Zeit zur Verfügung hat, sollte dies ggf. frühzeitig berücksichtigt und auch dem Klienten mitgeteilt werden. Entweder muss eine lückenlose Übergabe an eine Kollegin erfolgen oder es wird – falls die Situation dies zulässt – nach einem ersten Gespräch ein nächster Termin, bei dem dann mehr Zeit zur Verfügung steht, verbindlich vereinbart.

Wenn es sich um die erste Begegnung mit dem Klienten handelt, sollte sich der Helfer zunächst mit Namen und Funktion vorstellen. Ist der Kontakt durch Dritte, etwa Angehörige oder Mitarbeitende somatischer Krankenhausabteilungen, angebahnt worden, ist dies zusammen mit dem vermuteten oder bekannten Anlass klar zu benennen.

GESPRÄCHSFÜHRUNG Der Ablauf eines Gesprächs mit einem suizidalen Menschen kann keinem starren Schema unterworfen werden, da die Umstände recht unterschiedlich sind, und zwar sowohl was die psychische und / oder körperliche Situation des Klienten als auch was die Kompetenz und Handlungsmöglichkeiten der helfenden Person angeht.

Die Vermutung, ein Klient könne sich in einer suizidalen Krise befinden, sollte ihm gegenüber direkt und konkret angesprochen und geklärt werden. Dabei ist es wichtig, möglichst offene Fragen zu stellen, Verständnis zu signalisieren und gelegentlich das Besprochene zusammenzufassen. Verharmlosungen und Dramatisierungen sind gleichermaßen fehl am Platz.

Um über dieses für viele Menschen heikle Thema ins Gespräch zu kommen, ist es ratsam, sich in mehreren Schritten dem Problem anzunähern. So könnte eine erste Bemerkung etwa lauten: »Ich habe den Eindruck, dass es Ihnen momentan nicht gut geht und dass Sie keine rechte Lebensfreude mehr haben. Wäre es Ihnen im Augenblick das Liebste, einmal richtig abzuschalten und Ihre Ruhe zu haben?« Oder: »Haben Sie in der letzten Zeit darüber nachgedacht, alles hinzuschmeißen?«

In einem nächsten Schritt könnten dann Gedanken an die Sinnlosigkeit des Lebens und an den Tod angesprochen werden, etwa: »Viele Menschen zweifeln gelegentlich am Sinn des Lebens oder halten es für das Beste, nicht mehr zu leben. Wie ist das momentan bei Ihnen?« Oder: »Hatten Sie schon einmal den Wunsch, tot zu sein?« Es sollte dann die Suizidalität im engeren Sinn angesprochen werden: »Ist Ihnen schon mal der Gedanke gekommen, sich etwas anzutun?«, »Wie oft taucht dieser Gedanke auf?«, »Taucht er auch auf, ohne dass Sie es wollen?«. Und weiter: »Haben Sie bereits Überlegungen angestellt, wie Sie aus dem Leben gehen könnten?« Schließlich: »Haben Sie bereits konkrete Vorbereitungen hierfür getroffen?« Wird dies bejaht, sollte genau nach geplanter Methode und vorgesehenem Zeitpunkt gefragt werden.

Weiterhin sollten sich aufdrängende Suizidfantasien und Katastrophenträume abgeklärt werden, das aktuelle Befinden (Hoffnungslosigkeit und Verzweiflung, Niedergeschlagenheit und Resignation, Ängste und innere Unruhe, Schuld- und verminderte Selbstwertgefühle, körperliche Beschwerden und Schlaflosigkeit) und ggf. bereits getroffene Vorbereitungen für die Zeit nach dem Tod (Abschiedsbrief, Verschenken von Gegenständen). Um weitere Anhaltspunkte zur Einschätzung des aktuellen Risikos zu erhalten, ist es sinnvoll, sich einen Überblick über die bereits erläuterten suizidalitätsfördernden Momente und Gefährdungshinweise zu verschaffen. Schließlich muss besprochen werden, ob und in welchem Ausmaß der Klient einen Druck verspürt, die suizidalen Gefühle, Gedanken oder Impulse tatsächlich umzusetzen bzw. ob und wie sicher er sich vor suizidalen Handlungen schützen kann. Unserer Erfahrung nach sind sehr viele Menschen in suizidalen Krisen zu einer recht adäquaten Einschätzung ihrer Situation in der Lage bzw. sagen offen, wenn sie dies momentan nicht können.

Für die Beurteilung des aktuellen Gefährdungsgrades ist es von großer Bedeutung, neben den suizidalitätsfördernden auch potenziell protektive Faktoren, persönliche Ressourcen und andere hilfreiche Umstände anzusprechen. Wer oder was hält den Betroffenen im Leben? Gibt es eine

Vertrauensperson? Wie wurden frühere Krisen und Belastungen gemeistert, was war dabei hilfreich? Für welche Menschen oder Aufgaben lohnt es sich, weiterzuleben? In diesem Zusammenhang werden häufig soziale Bindungen, Verpflichtungen ganz unterschiedlicher Art, religiöse oder weltanschauliche Überzeugungen sowie wichtige unerledigte Aufgaben oder noch nicht erreichte Lebensziele genannt.

Bei der Beurteilung der suizidalen Gefährdung sollten nicht nur die Risikoindikatoren, sondern auch protektive Eigenschaften und Fähigkeiten berücksichtigt werden.

Auch die Frage nach den jetzt anstehenden nächsten Schritten kann Auskunft darüber geben, ob ein Mensch wieder Perspektiven sehen und Ziele verfolgen kann. Eine überstürzte, weit in die Zukunft reichende oder unrealistisch klingende Antwort sollte ebenso wie Schweigen oder Schwierigkeiten, überhaupt eine Antwort zu finden, eher skeptisch stimmen. Nachdenkliche, auf naheliegende Ziele ausgerichtete Überlegungen sprechen hingegen dafür, dass ein Zugang zum Leben wieder möglich scheint. Selbstverständlich kann aber auch mit dieser Frage keine absolute Sicherheit in der Beurteilung der Suizidalität erreicht werden.

Besondere Aufmerksamkeit ist erforderlich, wenn ein Klient im Verlauf einer suizidalen Krise relativ plötzlich ruhig und entspannt wirkt und keine Lebensmüdigkeit mehr angibt. Selbstverständlich kann dies tatsächlich einen Rückgang der Suizidalität anzeigen, es kann aber auch ein Hinweis darauf sein, dass der Entschluss zur Ausführung des Suizids gefasst ist und dadurch die zuvor bestehende Unschlüssigkeit und Ambivalenz überwunden worden sind. Bei einer abrupten Befindensbesserung sollte daher an dieses »Ruhe vor dem Sturm« genannte Phänomen gedacht werden und eine besonders sorgfältige Abklärung der Suizidalität erfolgen. Dabei kann die Frage weiterhelfen, warum die Betreffenden keine suizidalen Gedanken mehr empfinden. Häufig werden dann Schwierigkeiten deutlich, eine Antwort zu finden.

Das plötzliche Verschwinden von Verzweiflung und Unruhe bei einem suizidalen Menschen kann auf den definitiven Entschluss zur Selbsttötung hinweisen.

Wesentliche ergänzende Hinweise lassen sich der persönlichen Vorgeschichte entnehmen, wobei diese – gerade im Erstkontakt – oft nur kursorisch besprochen werden kann. Hier sollte man sich zunächst auf die Zeit unmittelbar vor einer suizidalen Krise oder einem Suizidversuch konzentrieren. Was war oder ist der Auslöser? Insbesondere die relevanten Risikosituationen sind zu bedenken, vor allem Beziehungsprobleme, Verluste, Kränkungen und Überforderungen. Weiterhin sollte nach Suizidalität im näheren, vor allem im familiären Umfeld gefragt werden, nach Suizidversuchen in der Eigenanamnese sowie nach schweren körperlichen und psychischen Erkrankungen, zurückliegenden psychiatrischen oder psychotherapeutischen Behandlungen und nach aktuell eingenommenen Medikamenten. > Risikosituationen, Seiten 65 f., 117

Die weitaus meisten Menschen in suizidalen Krisen sind erleichtert, wenn sie ihre Lebensmüdigkeit mit einem verständnisvollen Gesprächspartner thematisieren können. Das offene Ansprechen vermuteter bzw. das ausführliche Besprechen vorhandener Suizidalität signalisiert dem Betroffenen eine Enttabuisierung seines Erlebens und kann ihn ermutigen, zunächst über seine Befindlichkeit und im Weiteren auch über Hintergründe und Motive der Lebensmüdigkeit zu sprechen und schließlich auch Hilfeangebote anzunehmen. Diese immer wieder bestätigte Erfahrung sollte es uns erleichtern, einer entsprechenden Vermutung nachzugehen. Die Sorge, erst durch Fragen suizidale Gedanken oder Handlungen auszulösen, ist, wie schon gesagt, vollständig unbegründet.

Einigen der Betroffenen fällt es aber ausgesprochen schwer, sich zu öffnen. Dies ist insbesondere bei starken Schamgefühlen der Fall, etwa bei religiös geprägten Menschen. Häufig hilft hier geduldiges und ermutigendes Nachfragen weiter. Auch kann das vermeidende Verhalten direkt benannt werden: »Ich habe den Eindruck, Sie können etwas Wichtiges nicht ansprechen, weil das für Sie mit unangenehmen Gefühlen verbunden ist.« Meistens kommt mit solchen Klientinnen und Klienten schließlich doch ein Gespräch zustande.

Das verständnisvolle Ansprechen von Suizidalität führt nicht zu entsprechenden Gedanken oder Handlungen, sondern öffnet den Weg in eine enttabuisierte Gesprächssituation.

Schwieriger ist dies mit Menschen, die ihre Lebensmüdigkeit verschweigen oder verneinen, weil sie entschlossen sind, ihren Selbsttötungswunsch umzusetzen, und daher jegliche Hilfe ablehnen. In den seltenen Situationen, in denen wir Suizidalität bei einem Menschen vermuten, aber mit ihm darüber keinen Austausch herstellen können bzw. verneinende Antworten erhalten, sind wir auf indirekte Hinweise aus dem Gespräch und auf die Verhaltensbeobachtung angewiesen, um zu einer Einschätzung zu gelangen. Wir müssen uns dann an mehrdeutigen Formulierungen, an Mimik, Gestik und Tonfall sowie an der Plausibilität von Antworten und an der Glaubwürdigkeit von Äußerungen orientieren. Weiterhin gilt es zu prüfen, ob und ggf. wie viele Risikoindikatoren auf den Klienten zutreffen. Außerdem kommt in solchen Situationen der Wahrnehmung der eigenen Gefühle und dem Erleben der Beziehung große Bedeutung zu, wobei diese Aspekte allein keine hinreichende Beurteilungssicherheit geben. Wann immer möglich, sollten schließlich Mitteilungen von Angehörigen und Freunden sowie anderer besorgter Personen sehr ernst genommen werden, etwa dann, wenn diese Rückschlüsse auf den zeitlichen Ablauf der suizidalen Krise ermöglichen, nämlich im Sinne des präsuizidalen Syndroms oder der präsuizidalen Stadien. > Verlauf, Seiten 70 ff., 107 f.

In Abbildung 12 sind – im Sinne eines Leitfadens – wichtige Aspekte aufgeführt, die im Gespräch mit einem suizidalen Menschen thematisiert werden sollten.

ABBILDUNG 12

Checkliste für das Gespräch zur Beurteilung der Suizidalität (modifiziert nach Kozel 2015)

Suizidgedanken	• Häufigkeit, Dauer, Intensität • Passive Ruhe- oder Todeswünsche • Kontrolle, Angst vor Kontrollverlust
Suizidabsichten	• Wunsch, sich das Leben zu nehmen • Absicht, sich das Leben zu nehmen
Suizidpläne	• Methode • Zeitpunkt • Ort • Gedankliche und tatsächliche Vorbereitungen
Suizidalität in der Vergangenheit	• Lebensmüde Gedanken, Suizidversuche • Wann, wo, wie • Umstände, Auslöser • Entschiedenheit der Absicht • Konkretheit der Planung • Nachträgliche Bewertung
Aktuelles Befinden	• Hoffnungslosigkeit • Verzweiflung • Erleben von Disstress • Psychischer Schmerz
Zugang zu Suizidmöglichkeiten	• Waffen • Medikamente • Örtlichkeiten (»Hotspots«)
Protektive Faktoren	• Gründe, zu leben • Ziele im Leben • Sinnhaftigkeit des Lebens

Zur Beurteilung des aktuellen Gefährdungsgrades sollte auch – insbesondere nach einer bekannten oder vermuteten suizidalen Handlung – eine körperliche Untersuchung durchgeführt werden. Diese ist primär Aufgabe des herbeigerufenen Haus- oder Notarztes bzw. der Aufnahmeärztin im Krankenhaus. Besteht eine akute körperliche Gefährdung durch eingenommene Substanzen oder durch Verletzungen? Manche Hinweise, die keine eingehende Untersuchung voraussetzen, sollten bereits den ersten Ansprechpartner zu raschem Handeln veranlassen, etwa Strangulationsmarken am Hals, Tablettenreste im Mund oder Blutungen.

Ein Ziel jedes Kontakts – sei es das Erst- oder ein Verlaufsgespräch – mit einem suizidalen Klienten muss darin bestehen, zu einer Einschätzung der aktuellen oder anhaltenden Gefährdung zu kommen und Vorstellungen über das weitere für sinnvoll und notwendig erachtete Vorgehen zu entwickeln, um dies mit dem Betroffenen besprechen zu können.

SUIZIDBOGEN Der primäre oder gar ausschließliche Einsatz von Fragebogen oder Risikolisten zur Abklärung von Suizidalität zur Selbsteinschätzung durch den Klienten verbietet sich. Solche Hilfsmittel können nämlich sehr unzuverlässige Ergebnisse liefern und dadurch zu Fehleinschätzungen führen. Sie können uns jedoch für wichtige und nicht angesprochene Aspekte sensibilisieren und dürfen durchaus nach einem persönlichen Gesprächskontakt und angemessener Information ergänzend – oder auch zu wissenschaftlichen Zwecken – verwendet werden.

In vielen psychiatrischen, psychotherapeutischen und psychosomatischen Kliniken und psychosozialen Einrichtungen ist es üblich, die Suizidalität der Klienten und Klientinnen regelmäßig durch Fremdbeurteilungsinstrumente zu dokumentieren. Hierbei wird häufig nicht nur das Ausmaß der Suizidalität, etwa in den Abstufungen »leicht – mittelgradig – hochgradig«, festgehalten, sondern auch die jeweils für erforderlich gehaltenen Schutzmaßnahmen. Letztere umfassen beispielsweise unterschiedliche Ausgangsregelungen – von »Ausgang nach Absprache« über »Ausgang in Begleitung von Mitarbeitenden« bis »kein Ausgang« – und die Art der Betreuung, etwa »dichte Betreuung« oder »Einzelbetreuung«. Insbesondere in vielen psychiatrischen Kliniken werden solche Suizidbogen täglich ausgefüllt. Der Vorteil solcher Bogen, die Eingang in eine Reihe von klinikinternen Dokumentationssystemen gefunden haben, besteht vor allem darin, dass sich die Mitarbeiter regelmäßig jeden Klienten im Hinblick auf eine eventuelle Suizidalität vergegenwärtigen. Dadurch entgehen auch die stillen und zurückgezogenen Kranken nicht der Aufmerksamkeit der Teammitglieder. Das Ausfüllen dieser Bogen darf allerdings nicht zu einer lästigen Routine erstarren oder gar den persönlichen Kontakt zum Klienten und das Gespräch mit ihm ersetzen.

Bei suizidalen Klientinnen und Klienten empfiehlt es sich ausdrücklich, über das Ankreuzen in den Suizidbogen hinaus die Beurteilung der aktuellen Suizidalität, die zur Einschätzung herangezogenen Aspekte und die daraus resultierenden Maßnahmen detailliert zu dokumentieren. Diese Pflicht gilt sowohl für Mitarbeitende psychiatrischer oder psychotherapeutischer Kliniken als auch von Wohnheimen und anderen psychosozialen Einrichtungen. Eine solche Dokumentation ermöglicht eine Übersicht über den Verlauf einer suizidalen Krise und dient der Information der Kollegen über den jeweiligen aktuellen Stand. Sie ist aber auch aus juristischen Gründen – etwa im Hinblick auf eine mögliche rechtliche Auseinandersetzung – erforderlich.

Krisenintervention und Prävention

Die Verpflichtung zur Hilfe – und ihre Grenzen

Vermutlich kommt jeder Helfer, der in psychiatrischen oder psychosozialen Arbeitsfeldern tätig ist, früher oder später mit einem lebensmüden Klienten in Kontakt. Die dabei entstehenden fachlichen und menschlichen Anforderungen sind besonders verantwortungsvoll und schwierig, da es sich im Kern um eine Frage von Leben oder Tod handelt. Zusätzlich kann diese Aufgabe noch dadurch ausgesprochen belastend sein, dass sie mit eigenen Selbstwertproblemen und Todesgedanken konfrontiert sowie das professionelle Selbstverständnis, nämlich Leben erhalten zu wollen, infrage stellt.

Professionelle Helferinnen und Helfer haben im Umgang mit suizidalen Menschen vor allem zwei Aufgaben zu bewältigen: Zum einen gilt es, einer suizidalen Handlung aufgrund einer mit Lebensmüdigkeit einhergehenden Krise vorzubeugen, zum anderen geht es darum, einen Menschen nach einem Suizidversuch zu betreuen und eine erneute derartige Handlung zu verhindern. Darüber hinaus besteht ein weiteres wichtiges Anliegen psychosozial und psychiatrisch Tätiger darin, der Entwicklung suizidaler Krisen bei ihren Klienten generell vorzubeugen. Während die ersten beiden Aufgaben als sekundäre und tertiäre Prävention bezeichnet werden, ist die Vermeidung suizidaler Krisen ein Anliegen der primären Prävention.

Die Verpflichtung zur Hilfe leitet sich aus der Erfahrung ab, dass die weitaus meisten Menschen, die an Selbsttötung denken oder einen Suizidversuch planen bzw. bereits unternommen haben, nicht das Leben »an sich« ablehnen. Vielmehr begehren sie gegen ihre Lebensumstände auf, so, wie sie jetzt gerade sind bzw. von ihnen erlebt werden, und sehnen sich nach menschenwürdigen Verhältnissen, insbesondere nach mitmenschlicher Zuwendung. Meistens gelingt es, mit ihnen zusammen einen anderen Weg aus einer zunächst als ausweglos erlebten Situation zu finden. Dafür spricht, dass etwa 75 Prozent der Überlebenden von Suizidversuchen keine weiteren suizidalen Handlungen unternehmen. Da »nur« 2–5 Prozent aller Suizidhandlungen tödlich enden und »nur« etwa 10 Prozent der Überlebenden innerhalb von zehn Jahren doch noch durch Suizid versterben, findet also die überwiegende Mehrheit all derer, die einen Suizidversuch unternommen haben, wieder ins Leben zurück. > Zahlen, Seiten 21, 28, 54 f.

Die Verpflichtung zur Hilfe ergibt sich weiterhin aus der Überlegung, dass kurzfristige psychosoziale Krisen und psychische Krankheiten in nicht unerheblichem Umfang zur Suizidalität beitragen und dass diese Krisen und Erkrankungen meistens durch professionelle Beratung und Behandlung in positiver Weise beeinflusst werden können. Schließlich unterliegen Angehörige von Gesundheitsberufen aus juristischer Sicht der sogenannten Garantenpflicht, die ihnen – ebenso wie Verwandten von Suizidenten – eine besondere Verantwortung zur Abwendung gesundheitlicher Schäden bei ihren Patienten und Patientinnen abverlangt.

Das konkrete Vorgehen professionell Helfender sollte daher nicht vom Grenzfall des »Freitodes«, sondern vom Grundsatz »Im Zweifel für das Leben« ausgehen. Diese Haltung beinhaltet auch die Bereitschaft, ggf. vorübergehend stellvertretende Entscheidungen zu treffen, wenn suizidale Menschen infolge ihrer aktuellen Lebenssituation oder einer Erkrankung in ihrer Einsichts- und Steuerungsfähigkeit beeinträchtigt sind.

Bei krankheitsbedingter Einschränkung des freien Willens sind auf der Grundlage entsprechender gesetzlicher Bestimmungen Zwangsmaßnahmen zur Verhinderung suizidaler Handlungen zulässig.

Ebenso klar ist aber auch, dass sich auf Dauer jeder Mensch nur selbst im Leben halten kann. Das Ziel der Hilfen kann also nicht die Verhinderung eines Suizids um *jeden* Preis sein. Es muss vielmehr darum gehen, die Entscheidungsfreiheit des Betroffenen durch Aufhebung oder Minderung von inneren und äußeren Zwängen, die die Lebensmüdigkeit ausgelöst und unterhalten haben, wiederherzustellen.

Eine Grundhaltung, die von Empathie, Vorurteilsfreiheit und Offenheit getragen ist, erleichtert die Aufnahme und Gestaltung einer positiven Beziehung zum Klienten. Suizidalität sollte als Ausdruck massiver seelischer Not, als Hilfeschrei verstanden und akzeptiert werden. Die Annahme von Hilfe ist einem lebensmüden Menschen eher möglich, wenn der professionelle Gesprächspartner zu erkennen gibt, dass er dem Gegenüber die Möglichkeit des Suizids nicht grundsätzlich nehmen kann und will, dass er aber mit ihm zunächst andere Lösungen aus einer als belastend und ausweglos erlebten Situation ausloten möchte. Dabei ist zu beachten, dass viele lebensmüde Menschen recht widersprüchliche Gefühle hinsichtlich der Inanspruchnahme professioneller Beratung und Therapie haben. Einerseits suchen die meisten mehr oder weniger deutlich Hilfe, andererseits fürchten viele den Verlust ihrer Autonomie durch Kontrolle und Fremdbestimmung und entwerten deshalb die Hilfeangebote. Diese ambivalente Haltung muss im Umgang beachtet und ggf. auch angesprochen werden.

Menschen in suizidalen Krisen stehen Hilfeangeboten oft mit zwiespältigen Gefühlen gegenüber, dieser Ambivalenz muss offen begegnet werden. > Beziehungsgestaltung, Seiten 73, 96, 140

Für Helferinnen und Helfer stellt sich analog die Frage, ob, in welchem Umfang und wie lange einem suizidalen Menschen die Verantwortung für sein Leben abgenommen werden kann bzw. sollte. Wie viel Selbstverantwortung und Fürsorge kann und muss der Klient in einer suizidalen Krise für sich selbst aufbringen? Wann und in welchem Umfang sollte ihm vorübergehend ein Teil der Verantwortung oder auch die gesamte Verantwortung abgenommen werden?

Hilfen bei suizidalen Krisen

Die Hilfen für lebensmüde Menschen sind im Kern auf zwei Ziele ausgerichtet: Selbstverständlich besteht unsere vordringliche Aufgabe darin, eine akute Gefährdung von Leib und Leben zu verhindern. Darüber hinaus wird es darum gehen, mit dem Klienten die jeweiligen Hintergründe der Suizidalität herauszufinden – seien es akute psychosoziale Krisen, anhaltende belastende und zermürbende Lebensumstände, körperliche Erkrankungen oder psychische Störungen – und Möglichkeiten der Lösung oder zumindest Linderung der anstehenden Probleme zu erarbeiten. Vereinfacht lässt sich vor allem im Hinblick auf psychosoziale Krisen sagen, dass die rasch erforderlichen Maßnahmen auf die aktuelle kritische Situation und deren Anlass fokussieren sollten, während es Aufgabe der darüber hinausgehenden, insbesondere psychotherapeutischen Interventionen ist, vom (äußeren) Anlass zu den (inneren) Motiven vorzudringen. Die vordringlichen Interventionsstrategien haben daher überwiegend schützenden, entlastenden und stützenden Charakter, während Psychotherapie im engeren Sinn darüber hinaus klärend und auch konfrontierend vorgeht.

Für die auf das erste Ziel ausgerichteten professionellen Maßnahmen, die zusammenfassend auch als »Krisenintervention« bezeichnet werden, lassen sich recht konkrete Empfehlungen geben, während die Möglichkeiten der Begleitung, Beratung und Behandlung im Hinblick auf die vielfältigen Hintergründe suizidaler Krisen ganz unterschiedlich gestaltet sein können. Beide Hilfestrategien lassen sich im Alltag natürlich nicht strikt voneinander abgrenzen. Einerseits fließen nämlich in die Krisenintervention sehr oft bereits jene psychotherapeutischen und medikamentösen Maßnahmen ein, die auf die zugrunde liegenden Hintergründe der Suizidalität ausgerichtet sind. Andererseits kommt es im Verlauf dieser Hilfen nicht selten zu erneuten Zuspitzungen, die dann wieder kriseninterventorische Maßnahmen erforderlich machen.

Merkmale der Krisenintervention

Krisenintervention ist erste Hilfe bei ganz unterschiedlichen individuellen und kollektiven psychischen und psychosozialen Notlagen. Ihre wesentlichen allgemeinen Merkmale sind im Folgenden aufgeführt und besonders im Hinblick auf den Umgang mit suizidalen Menschen erläutert.

Schneller Beginn

Krisenintervention zeichnet sich durch eine möglichst rasche Kontakt- und Gesprächsaufnahme und der jeweils erforderlichen Hilfemaßnahmen aus. Bei suizidalen Krisen ist dies vor allem deshalb von entscheidender, ja häufig lebensrettender Bedeutung, da es als vorrangigen Schritt natürlich gilt, einen möglicherweise unmittelbar bevorstehenden Suizid(-versuch) zu verhindern. Wenn sich eine suizidale Klientin also nicht selbst an einen Helfer wendet und damit den direkten Kontakt herstellt, sondern beispielsweise der Mitarbeiter eines Krankenhauses oder einer betreuten Wohneinrichtung von anderen entsprechend informiert wird, dann muss er die gefährdete Person *unverzüglich* aufsuchen oder einen Kollegen veranlassen, dies sofort zu tun.

Aus zwei weiteren Gründen ist schnelles Eingreifen notwendig und sinnvoll. Nur bei rascher Kontaktaufnahme gelingt es, den Betroffenen in einer Verfassung anzusprechen, in der er häufig noch bereit ist, über Probleme oder Konflikte zu reden, die ihn in die suizidale Krise geführt haben. Im Laufe der Zeit – und das kann nach einem Suizidversuch schon nach wenigen Stunden oder am nächsten Tag sein – nimmt sehr oft die Bereitschaft ab, sich zu öffnen und damit in ein hilfreiches Gespräch einzutreten. Das hängt damit zusammen, dass sich nach einem Suizidversuch häufig Schuld- und Schamgefühle einstellen, die zu einer Bagatellisierung und Verleugnung der Schwierigkeiten führen. Von den Betroffenen ist dann etwa zu hören, es habe sich überhaupt nicht um einen Selbsttötungsversuch gehandelt, jetzt sei alles wieder in Ordnung, oder man habe eine »Dummheit« begangen, die bestimmt nicht wieder vorkomme. Eine solche »kindliche« Verarbeitung von Suizidalität sollte von Helfenden verständnisvoll, aber deutlich problematisiert werden.

Schließlich dient schnell einsetzende Hilfe auch dem Ziel, eine Verstetigung von Problemen, Konflikten oder Störungen zu verhindern. Je früher die Bewältigung einer Krise gelingt, desto geringer sind in der Regel anhaltende ungünstige Folgen. Bezogen auf Suizidalität geht es dabei nicht nur darum, dass sich die Hintergründe suizidaler Krisen bei zu später oder ausbleibender Hilfe verselbstständigen können; es besteht vielmehr das Risiko, dass suizidales Verhalten in schwierigen Lebenssituationen zu einer häufigen, ja gewohnheitsmäßigen Reaktion wird.

Realistische Ziele

Krisenintervention sollte sich an Zielen orientieren, die vordringlich sind und in vergleichsweise kurzer Zeit erreicht werden können. Es hat keinen Sinn, Menschen in einer als krisenhaft zugespitzt oder gar als ausweglos erlebten Situation die rasche Lösung ihrer sozialen oder ökonomischen Schwierigkeiten oder die völlige Beseitigung ihrer körperlichen oder seelischen Beeinträchtigungen zu versprechen bzw. Ziele vorzuschlagen, deren Erreichung erfahrungsgemäß einen langen Zeitraum beansprucht. Die Diskrepanz zum eigenen Erleben kann dann als so groß und unüberwindlich empfunden werden, dass die Menschen sich nicht ernst genommen fühlen, was ihre Suizidalität sogar noch verstärken kann.

Beim Umgang mit suizidalen Klientinnen und Klienten ist Zeitgewinn das vordringlichste Ziel. So banal es klingen mag: Nur das Weiterleben ermöglicht weitergehende Schritte. Dies kann dem Betroffenen auch direkt gesagt werden, etwa: »Ich möchte gerne zusammen mit Ihnen alles versuchen, damit Sie aus dieser extrem schwierigen Situation wieder herausfinden. Dies setzt natürlich voraus, dass Sie am Leben bleiben und sich und mir die Zeit und damit die Möglichkeit geben, nach einem anderen Weg aus der Krise zu suchen. Ich bin zuversichtlich, dass uns dies gelingen kann.«

Unserer Erfahrung nach hilft diese Botschaft sehr vielen betroffenen Menschen, sich – zumindest vorübergehend – von akuter Suizidalität zu distanzieren und sich auf eine Zusammenarbeit mit einem Helfer einzulassen. Dies hängt sicher auch damit zusammen, dass diese Formulierung implizit ein Beziehungsangebot enthält und darüber hinaus – wenn auch zurückhaltend – stellvertretend Hoffnung signalisiert. Oft ist schon viel gewonnen, wenn ein Klient sich und uns wenige Tage »Bedenkzeit« einräumt. Erfahrungsgemäß verlieren nämlich sehr viele suizidale Krisen ohnehin in relativ kurzer Zeit an Intensität.

Die exemplarische Aussage spricht zwei weitere wichtige Ziele der Krisenintervention an: zum einen die Hilfe zur Selbsthilfe und zum anderen die Bereitschaft, ggf. Fremdhilfe, also professionelle Beratung oder Behandlung, annehmen zu können. Wir sind der festen Überzeugung, dass es auch für Menschen in ausgesprochen hoffnungslosen Situationen hilfreich ist und ihr Selbstwertgefühl stärkt, wenn ihnen Verantwortung für sich selbst – und sei sie vorübergehend auch eingeschränkt – zuerkannt wird und ihnen eigene Ressourcen zur Überwindung von Problemen zugetraut werden.

Zu den Zielen einer Krisenintervention gehört es schließlich, die Motivation der Klientinnen und Klienten zur Annahme von professioneller Hilfe zu unterstützen und die hierfür notwendigen Beratungs- und Behandlungsschritte vorzubereiten, etwa eine weiterführende Psychotherapie, eine psychiatrische Behandlung oder eine psychosoziale Nachsorge.

Umschriebene Inhalte

Krisenintervention sollte sich inhaltlich auf die Suizidalität, die aktuelle Situation und ggf. den Anlass der Krise konzentrieren. Vorrangig wird die Suizidalität selbst problematisiert, um den Klienten zu einem Überdenken diesbezüglicher Absichten und Pläne zu gewinnen sowie für ein Abwägen des Für und Wider hinsichtlich des Wunsches, zu sterben. Dies kann dadurch geschehen, dass nach Situationen gefragt wird, in denen die Lebensmüdigkeit in den Hintergrund tritt oder gänzlich verschwindet, dass Neugier auf anderweitige Lösungen geweckt wird oder dass die häufig bei suizidalen Menschen vorhandene Ambivalenz, das Hin-und-her-gerissen-Sein zwischen Lebens- und Todeswunsch, aufgegriffen und verstärkt wird. Dabei wird auf die aktuelle Problematik fokussiert, die die Krise ausgelöst hat, beispielsweise Umgang mit aktueller Trauer oder Wut bei kürzlich erlittenen Verlusten, Kränkung oder Enttäuschung durch die Partnerin, Angehörige oder Berufskollegen, Verzweiflung bei wirtschaftlichen Problemen oder Arbeitslosigkeit sowie Mut- und Hilflosigkeit bei schweren Erkrankungen.

Mögliche soziale und ökonomische Umstände oder neurotische oder Persönlichkeitsstörungen, die im Hintergrund dieser Probleme stehen oder ihre Bewältigung erschweren können, sind *kein* Gegenstand kriseninterventorischer Maßnahmen. Eine eventuell erforderliche mittel- oder längerfristige Auseinandersetzung mit den komplexen Hintergründen suizidaler Krisen ist Gegenstand anschließender Beratung oder Psychotherapie.

PSYCHISCHE ERKRANKUNGEN Im Hinblick auf suizidalitätsfördernde psychische Erkrankungen gilt zudem, dass sich die Krisenintervention insbesondere auf die Linderung ausgeprägter und mit Hoffnungslosigkeit einhergehender depressiver Verstimmungen, akuten psychotischen und mit massiver Angst verbundenen Erlebens oder massiver Selbstwertkrisen, etwa eines alkoholkranken Menschen, bezieht und damit bereits Elemente einer auch längerfristig angemessenen Therapie enthält. Die *systematische* Behandlung von Depression, Psychosen oder Abhängigkeitserkrankungen gehört zu den weiterführenden therapeutischen Maßnahmen.

Pragmatisches Vorgehen

Krisenintervention ist ganz wesentlich durch einen pragmatischen und flexiblen Einsatz von psycho-, pharmako- und soziotherapeutischen Strategien gekennzeichnet. Ein solches Vorgehen ist aufgrund der ganz unterschiedlichen Gestalt und des oft nicht vorhersagbaren Verlaufs von Krisen erforderlich – und dies trifft auf suizidale Krisen in besonderer Weise zu. Anders als bei längerfristig angelegten Beratungs- und Therapieprozessen besteht die professionelle Kunst nicht darin, sich strikt an (schulen-)spezifische Richtlinien zu halten, sondern zeichnet sich gerade dadurch aus, dass die Maßnahmen der jeweiligen Situation angemessen und angepasst sein müssen.

Neben dem pragmatischen und flexiblen Vorgehen besteht ein weiterer wichtiger Grundsatz darin, dass Haltung und Handeln der Helfenden im Vergleich mit einer längerfristigen Begleitung oder Therapie häufig aktiver ausgerichtet sind. Das hängt insbesondere damit zusammen, dass schwere Krisen die Einsichts- und Steuerungsfähigkeit der Betroffenen zeitweise einschränken können.

Ein weiterer Grund für eine aktivere Grundhaltung liegt darin, dass zu Beginn einer Krisenintervention oft mehrere Maßnahmen in einem relativ kurzen Zeitraum ergriffen werden müssen. Da dies die betroffenen Menschen überfordern kann, kommt professionellen Bezugspersonen gelegentlich ein größerer Einfluss auf den Klienten zu als bei anderen Formen therapeutischer Begleitung. Von den seltenen Situationen abgesehen, die sogar ein Handeln gegen den aktuellen Willen eines suizidalen Menschen erfordern, sollten die Hilfeangebote jedoch nur in Ausnahmefällen direktiven, gar bevormundenden Charakter haben.

Zeitliche Begrenzung

Schließlich ist Krisenintervention durch einen überschaubaren Zeitrahmen gekennzeichnet. Allerdings lassen sich keine starren Obergrenzen angeben – auch hier ist eine flexible Handhabung sinnvoll. Als Anhaltspunkte werden häufig sechs bis acht ambulante Sitzungen in ein bis zwei Monaten bzw. eine stationäre Behandlung von ein bis zehn Tagen genannt. Für den Umgang mit Krisen in komplementären Einrichtungen, etwa in psychiatrischen Wohnheimen, dürften am ehesten die für die ambulante Situation erwähnten Zeiten zutreffen.

In aller Regel ist es in den genannten Zeiträumen möglich, zumindest die Gefährdung durch die suizidale Krise so weit zurückzudrängen, dass die Krisenintervention abgeschlossen werden und der Übergang in eine sich anschließende längerfristige Beratung oder psychiatrisch-psychotherapeutische Behandlung erfolgen kann. In nicht wenigen Fällen gelingt es sogar, die suizidale Krise so zu bearbeiten, dass keine weiteren professionellen Hilfeangebote erforderlich sind.

Krisenintervention ist durch schnellen Beginn, realistische Ziele, klar umschriebene Inhalte, ein pragmatisches Vorgehen und zeitliche Begrenzung charakterisiert.

Strategien der Krisenintervention

Die Basis der Krisenintervention stellt das Bemühen der Helfenden um eine durch Respekt und Verständnis geprägte Beziehung zum suizidalen Klienten dar, deren Bedeutung kaum überschätzt werden kann. > Beziehungsgestaltung, Seiten 73, 140

Eine solche Beziehung ist die Grundlage für die Anwendung der folgenden Interventionen, die sich unter dem Motto »Schützen, Entlasten und Stützen« zusammenfassen lassen. Damit soll jedoch nicht gesagt werden, dass andere Strategien – etwa das Klären oder Konfrontieren – keine Anwendung finden dürfen. Sie spielen allerdings vor allem aus zwei Gründen meistens eine untergeordnete Rolle: Zum einen sind die zuerst erwähnten Vorgehensweisen in akuten Situationen angemessener und effizienter und zum anderen setzt der Einsatz etwa konfrontativer Techniken bei suizidalen Krisen große therapeutische Erfahrung und eine stabile Beziehung voraus, da sie sonst durchaus unerwünschte Folgen haben können.

Schützen

Es versteht sich von selbst, dass die vordringliche Aufgabe der Krisenintervention bei suizidalen Klienten und Klientinnen darin besteht, einen Suizidversuch zu verhindern bzw. die körperlichen, psychischen und sozialen Folgen einer solchen Handlung so gering wie möglich zu halten. Dabei hängen Art und Umfang der Schutzmaßnahmen ganz wesentlich vom Ausmaß der suizidalen Gefährdung ab.

Basis aller entsprechenden Bemühungen ist der Kontakt des Klienten mit einer als hilfreich erlebten Bezugsperson, bei der es sich keinesfalls um eine professionelle Helferin handeln muss. So besteht *eine* der Voraussetzungen dafür, dass sich eine stationäre Behandlung erübrigt – insbesondere bei geringer bis moderater Suizidalität –, darin, dass eine belastbare und verantwortungsbewusste Person, meist ein Familienmitglied oder ein Freund, dem Betroffenen im Sinne einer »sichernden Fürsorge«

zur Seite steht. Vielfach fühlt sich ein Suizidgefährdeter bereits sicher, wenn er sich mit einem vertrauten Menschen, den er jederzeit ansprechen kann, in der eigenen Wohnung aufhält oder mit ihm gemeinsame Aktivitäten unternimmt.

KONTINUIERLICHE BEGLEITUNG Manchmal ist es allerdings erforderlich, einen suizidgefährdeten Menschen tatsächlich keine Minute aus den Augen zu lassen. Dies müssen die Helfer und Helferinnen sehr deutlich machen, wenn sie es für vertretbar halten, einen solchen Klienten in der Obhut der Familie zu belassen oder ihn dorthin zu entlassen. Gelegentlich müssen Angehörige aber auch vor einer solchen verantwortungsvollen Aufgabe, die sie in bester Absicht übernehmen wollen, geschützt werden. Dies mag ein viele Jahre zurückliegendes und tragisch ausgegangenes Beispiel erläutern, das mit Recht die Frage aufwirft, ob die Helfer damals richtig gehandelt haben:

BEISPIEL

> Ein Klient wurde wegen akuter Suizidalität in einer psychiatrischen Klinik aufgenommen. Da er einige Mitarbeiter der Station kannte, bat er um Verlegung in ein entfernt liegendes Krankenhaus. Den Angehörigen, die dies übernehmen wollten, wurde dringend geraten, die Fahrt ohne Pause zu absolvieren und den Klienten unmittelbar in die andere Klinik zu bringen, da seine Suizidalität nicht sicher beurteilt werden konnte. Kurz nach Fahrtantritt erlaubten sie ihm jedoch, einige Bücher aus seiner Wohnung zu holen. Er nutzte diese Gelegenheit, um in den vierten Stock des Hauses zu laufen und sich dort aus dem Fenster zu stürzen.

Auch wenn eine suizidale Krise keineswegs automatisch eine stationäre Aufnahme erfordert, gibt es Situationen, in denen die Behandlung in einer psychiatrischen Klinik eine angemessene Lösung ist. Dies betrifft vor allem die anhaltende schwere Suizidalität, insbesondere wenn die Distanzierungs- und Absprachefähigkeit des Betroffenen nur gering vorhanden oder völlig aufgehoben ist. Weitere mögliche Indikationen sind:

- Verdacht auf organische und – vor allem erstmals aufgetretene – funktionelle Psychosen,
- Verdacht auf Mitnahmesuizidalität,
- plötzlicher Partnerverlust,
- schwere Schädigung einer anderen Person (etwa durch einen selbst verursachten Unfall),
- Mitteilung einer lebensbedrohlichen Erkrankung,
- ambulant nicht entaktualisierbare Krise,
- Fehlen ambulanter Angebote,
- desolate soziale Situation, insbesondere wenn keine verlässlichen Bezugspersonen zur Verfügung stehen,
- ausdrücklicher Wunsch des Betroffenen.

Bei Verletzungen oder Vergiftungen, nach Reanimation und bei eventuell erforderlicher Überwachung körperlicher Funktionen ist die Einweisung in eine internistische oder chirurgische Klinik zur Erstversorgung und Behandlung selbstverständlich.

Es versteht sich von selbst, dass immer versucht werden sollte, die Zustimmung des Betroffenen zu einer stationären Behandlung zu gewinnen. Dies setzt oft ein ausführliches Gespräch voraus, zu dem – mit Zustimmung des Klienten – auch Angehörige hinzugezogen werden können.

ZWANGSMASSNAHMEN Gelingt es nicht, das Einverständnis des Betroffenen zu gewinnen, sind zur Verhinderung (weiterer) suizidaler Handlungen bei krankheitsbedingter Einschränkung der freien Willensbestimmung Zwangsmaßnahmen zulässig. Dabei müssen die gesetzlichen Bestimmungen, die für Deutschland im bundesweit geltenden Betreuungsgesetz und in den Psychisch-Kranken-Gesetzen (PsychKG) der einzelnen Bundesländer niedergelegt sind, sorgsam beachtet werden. Bei anhaltender akuter und hochgradiger Suizidalität ist unseres Erachtens eine Unterbringung in einer psychiatrischen Klinik unumgänglich. Auch andere Zwangsmaßnahmen, etwa Zwangsmedikation oder Fixierung, können in ausgesprochen seltenen Situationen kurzfristig erforderlich sein. Aber auch sie bedürfen einer Genehmigung durch das Gericht. Selbstverständlich müssen sich solche Eingriffe strikt am Grundsatz der Verhältnismäßigkeit orientieren und dürfen Freiheit und Menschenwürde so wenig wie möglich einschränken.

Wir sollten uns allerdings darüber im Klaren sein, dass diese Maßnahmen die therapeutische Beziehung massiv beeinträchtigen und sich sogar suizidalitätsfördernd auswirken können. Erneut sei daher betont, dass die Sicherung durch Beziehung – wann immer möglich und bei sorgfältiger Prüfung verantwortbar – Vorrang vor mechanischen und medikamentösen Schutzmaßnahmen hat. Darüber hinaus besteht im Alltag für die konkreten Interventionen ein Ermessensspielraum, der es nicht nur erlaubt, sondern immer wieder erfordert, unter *therapeutischen* Gesichtspunkten sorgfältig kalkulierte Risiken einzugehen. Dabei muss die Dokumentationspflicht bezüglich Diagnose, aktuellem Befund und therapeutischer Entscheidungen strikt beachtet werden.

Bei akuter körperlicher Gefährdung ist eine internistische oder chirurgische Behandlung gegen den Willen des intoxikierten oder verletzten Klienten auf Basis von § 34 StGB (»rechtfertigender Notstand«) möglich. > Internistische Behandlung, Seiten 112 f.

Wird ein suizidaler Mensch in einer Klinik aufgenommen und behandelt, richtet sich die Kontaktdichte ebenfalls nach dem Ausmaß der Gefährdung. Hierbei gibt es vielfältige Abstufungen:

- Freiraum und Ausgang ohne oder mit Begleitung,
- Beschränkung der Bewegungsfreiheit auf die Station,
- engmaschige Begleitung oder kontinuierliche Einzelbetreuung auf der Station.

Der Umfang des jeweils für notwendig gehaltenen Schutzes sollte regelmäßig – in der Regel von Tag zu Tag – überprüft und auch dokumentiert werden.

»VERTRÄGE« Vielen Klientinnen und Klienten hilft ein sogenannter Nonsuizidvertrag, sich vor suizidalen Gedanken und Impulsen zu schützen bzw. diese nicht in die Tat umzusetzen. Es handelt sich hierbei nicht um einen Vertrag, der im juristischen Sinn gültig ist und den Professionellen rechtliche Sicherheit bietet, sondern um das der gefährdeten Person in mündlicher oder schriftlicher Form abgenommene Versprechen, dass sie sich in einem bestimmten Zeitraum nichts antut bzw. bei drängender Suizidalität unverzüglich mit der Helferin Kontakt aufnimmt. Eine solche Vereinbarung kann die Selbstverantwortung stärken und ist in der Regel hilfreich bei Menschen, die sich bereits deutlich stabilisiert haben oder sich – etwa aufgrund einer gewissen Zwanghaftigkeit oder Gewissenhaftigkeit – zur Einhaltung von Zusagen verpflichtet fühlen.

Die Helfenden sollten allerdings sorgfältig prüfen, ob Klienten durch einen solchen Vorschlag eventuell überfordert und dadurch zusätzlich belastet werden könnten. Bei suizidgefährdeten Menschen, die für sich noch keine vollständige Verantwortung übernehmen können, sollten Nonsuizidverträge zurückhaltend eingesetzt werden. Nicht angezeigt sind sie bei Klientinnen und Klienten mit akuter, dranghafter oder impulshafter Suizidalität. Und verboten sind solche Vereinbarungen, wenn sie nicht als Hilfe für den Betroffenen, sondern vorrangig der Entlastung des Therapeuten von einer Verantwortungsübernahme dienen. Klienten haben gewöhnlich ein feines Gespür für derartige Situationen und fühlen sich dann nicht ernst genommen oder sogar unter Druck gesetzt.

Die Hinweise zur vorübergehenden Begrenzung der Bewegungsfreiheit, zur Regelung der Besuchsdichte und zum Nonsuizidvertrag lassen sich auch auf den Umgang mit suizidgefährdeten Klienten in anderen psychosozialen Institutionen übertragen, etwa auf Wohnheime oder betreute Wohngemeinschaften. Selbstverständlich sind in solchen Kontexten – anders als bei gerichtlich verfügten Restriktionen in psychiatrischen Kliniken – alle freiheitsbeschränkenden Maßnahmen an das Einverständnis der Klienten und Klientinnen gebunden.

Eine sorgfältige Dokumentation des aktuellen Befundes eines suizidalen Klienten und der therapeutischen Maßnahmen ist nicht nur aus juristischen Gründen, sondern auch zur Verlaufsbeurteilung und zur Information von Kollegen und Kolleginnen erforderlich.

Entlasten

Menschen in suizidalen Krisen sind gewöhnlich durch die Anlässe ihrer Lebensmüdigkeit und durch ihre aktuelle Befindlichkeit emotional und gedanklich stark eingeengt und deshalb zur Bewältigung alltäglicher Anforderungen nicht mehr in der Lage. Eine Entlastung kann durch Interventionen sowohl am inneren Zustand des Betroffenen als auch an den äußeren Umständen erfolgen.

Ein erster wichtiger Schritt besteht häufig in einer zeitweiligen »Entpflichtung« von Aufgaben in Familie und Beruf. Beispielsweise ist in jenen Fällen, in denen keine stationäre Behandlung erforderlich ist, eine kurzfristige Krankschreibung angezeigt oder die vorübergehende Übernahme häuslicher Tätigkeiten durch Familienangehörige hilfreich. Dies lässt sich selbstverständlich auch auf Pflichten übertragen, die Bewohner und Bewohnerinnen in therapeutischen Einrichtungen übernommen haben. Hängen die Ursachen der suizidalen Krise mit Menschen zusammen, mit denen der Betroffene regelmäßig Kontakt hat, sollte eine Herausnahme aus dem Konfliktfeld, etwa der Familie oder dem Arbeitsplatz, ernsthaft erwogen werden. Dies muss keinesfalls immer zu einer stationären Aufnahme führen, oft lassen sich andere Möglichkeiten finden. So kann bereits ein zeitlich befristeter Umzug – etwa zu einem anderen Familienmitglied oder einem Freund – hilfreich sein.

Ein anderes Beispiel haben wir in einem therapeutischen Wohnheim kennengelernt, in dem suizidale Klienten vorübergehend in ein sogenanntes Krisenzimmer einziehen können und so von ihren Verpflichtungen entbunden werden, um beispielsweise den Konflikt mit einem Mitbewohner durch größeren Abstand zu mildern. Manchmal ist eine Herausnahme aus dem Konfliktfeld allerdings nur durch die Aufnahme in ein psychiatrisches Krankenhaus möglich, vor allem dann, wenn die häusliche Situation sehr angespannt ist und dem Betroffenen niemand hilfreich zur Seite steht. Darüber hinaus kann ein vorübergehender Verzicht auf Kontakte zu Mitmenschen vereinbart werden, mit denen konflikthafte Beziehungen bestehen. Dies lässt sich Angehörigen gegenüber manchmal nur durch ein Kontakt- und Besuchsverbot umsetzen, um das Klienten gelegentlich selbst bitten. Falls der Vorschlag von professioneller Seite erfolgt, müssen die Klienten mit einem solchen Verbot selbstverständlich einverstanden sein.

EMOTIONALER KONTEXT Eine wesentliche entlastende Intervention, die am inneren Zustand der betroffenen Person ansetzt, besteht darin, den Ausdruck ihrer aktuellen Gefühle zu unterstützen. Dies kann durch gleichermaßen behutsames wie ausführliches Besprechen der momentanen Lebenssituation geschehen, wobei allerdings niemand gedrängt werden sollte, gegen seinen Willen über bestimmte Themen zu reden. Von suizidalen Menschen werden meist Verzweiflung, Hoffnungslosigkeit, Trauer und Wut aufgrund von Verlusterlebnissen, Enttäuschungen oder Kränkungen geäußert.

Professionell Helfende, die bisher wenig im Umgang mit suizidgefährdeten Menschen geübt sind, neigen gelegentlich dazu, die genannten Gefühle nicht anzusprechen. Ihre Sorge, dies könne die Betroffenen zusätzlich belasten oder die Situation könne sie selbst überfordern, ist in den meisten Fällen unbegründet. Die Klientinnen und Klienten fühlen sich in der Regel sogar erleichtert, wenn sie ihre Emotionen ausdrücken »dürfen«

und diese als natürliche und verständliche Reaktion anerkannt werden. Aufseiten der Helfenden besteht die Aufgabe darin, der sicher oft belastenden Situation standzuhalten, den Klienten wohlwollend zuzuhören und sie bei der Äußerung und Benennung ihrer Gefühle zu unterstützen. Nicht hilfreich sind für die meisten Betroffenen bagatellisierende Tröstungen wie »Das wird schon wieder« oder »Alles ist nur halb so schlimm«.

Haben Sie keine Angst davor, heftige Gefühle des Klienten offen, wenn auch behutsam anzusprechen – es bewirkt für ihn eine innere Entlastung.

Nicht selten greifen suizidgefährdete Klienten – wie Menschen in anderen Krisen – auf Verhaltensweisen zurück, die kurzfristig durchaus entlastend, längerfristig in der Regel aber problematisch sind. Hierzu gehört etwa der Konsum von Alkohol oder Drogen. Während Substanzmissbrauch entschieden problematisiert werden sollte, können andere regressive Strategien, beispielsweise vorübergehender Rückzug ins Bett oder Abschottung durch Musik oder Fernsehen, zeitweise recht hilfreich sein.

Stützen

Als dritte wichtige Strategie dienen stützende Interventionen – ebenso wie der Schutz von Leib und Leben und die Abschwächung innerer und äußerer Belastungen – zunächst dazu, dem Klienten das Durchstehen der suizidalen Krise zu ermöglichen. Darüber hinaus sollen sie die Mobilisierung persönlicher und sozialer Ressourcen fördern, um ihm die Bewältigung seiner aktuellen Schwierigkeiten, Konflikte oder Erkrankungen zu erleichtern und den Blick in die Zukunft zu öffnen.

Den meisten suizidalen Menschen helfen Beziehungen, die durch Vertrauen und Respekt gekennzeichnet sind, ganz entscheidend dabei, einen Weg aus der Krise zu finden. Im günstigen Fall erlebt der Klient den Kontakt mit »seinem« Helfer als eine solche Beziehung. Dabei ist es von großer Bedeutung, dass er sich in seiner Not angenommen und geachtet fühlt. Wir sollten ihm deutlich machen, dass wir uns mit seinen lebensbejahenden Anteilen, die sich neben den selbstdestruktiven Kräften bei den allermeisten suizidgefährdeten Menschen aufspüren lassen, verbünden wollen, ohne die aktuelle Problematik zu bagatellisieren.

ÜBERLEBENSGRÜNDE Zunächst sollten sich Helfende dafür interessieren, welche äußeren Faktoren und inneren Beweggründe den Klienten bisher davon *abgehalten* haben, aus dem Leben zu gehen. Sehr häufig werden hier enge Angehörige genannt, besonders die eigenen Kinder oder die pflegebedürftigen Eltern, aber auch andere soziale Bindungen, zudem Verpflichtungen, etwa Tiere zu versorgen, oder noch unerfüllte Wünsche und Pläne, aber auch die eigene Religiosität und ethische Werte. Erwähnt der Klient diese Themen nicht spontan, kann durchaus nach ihnen gefragt werden. Dies muss allerdings taktvoll und zurückhaltend geschehen, um keine Schuld- und Schamgefühle auszulösen, insbesondere wenn diese Faktoren den Klienten aktuell nicht von suizidalen Impulsen abhalten können. Die große Bedeutung der Suche danach, was Menschen im Leben hält, wird in einer Äußerung Friedrich Nietzsches deutlich: »Derjenige, der ein ›Warum‹ zum Leben hat, kann fast jedes ›Wie‹ ertragen.«

Das Selbstwertgefühl einer Klientin kann auch dadurch unterstützt werden, dass die Helferin sie ihre Wertschätzung spüren lässt, sich dafür interessiert, wie sie bisher Schwierigkeiten gelöst hat, oder ihre positiven Eigenschaften und Fähigkeiten benennt und anerkennt. Es ist besonders hilfreich, wenn dies eher indirekt, gewissermaßen in Nebensätzen passiert und gerade nicht »dick aufgetragen« wird. Auch Äußerungen, die (stellvertretende) Hoffnung signalisieren und die realistische Erwartung ausdrücken, dass die Klientin die Probleme, Konflikte oder Erkrankungen überwunden oder zumindest spürbar bewältigen kann, tragen hierzu bei.

Die gelegentlich noch zu hörende Geringschätzung supportiver, das heißt stützender Strategien können wir aufgrund unserer Erfahrungen nicht teilen. Wir haben nicht selten von Klienten gehört, dass solche Interventionen und die von den Helfenden glaubhaft vertretene Zuversicht, es werde sich ein Weg aus der Krise finden lassen, für sie eine *entscheidende* Hilfe bei der Stabilisierung ihres Selbstwertgefühls waren und damit auch zum Überleben der suizidalen Krise beigetragen haben.

Im Hinblick auf den Alltag kommt vor allem den zukünftigen Kontakten des Klienten zu Menschen in seinem häuslichen und beruflichen Umfeld große Bedeutung zu. Es ist daher immer angezeigt, seine Beziehungen zu Partnern, Angehörigen und Berufskollegen zu besprechen, ggf. positiv erlebte Bezugspersonen in die Krisenintervention einzubeziehen, den (Wieder-)Aufbau persönlicher Kontakte zu unterstützen und – falls erforderlich – den Versuch zu unternehmen, Konflikte durch gemeinsame Gespräche zu klären.

Weitere unterstützende Maßnahmen, die bereits während der Krisenintervention angegangen werden können, bestehen in der Vermittlung sozialer Hilfen, etwa im Hinblick auf finanzielle oder ausbildungs- und arbeitsplatzbezogene Probleme.

Schließlich besteht ein wesentliches Element stützender Interventionen darin, gemeinsam mit dem Klienten Wege aus den aktuellen Schwierigkeiten hin zu alternativen Möglichkeiten der Krisenbewältigung zu erörtern. Hierbei ist es Aufgabe der Helfenden, ganz besonders die Selbsthilfepotenziale des Betroffenen zu mobilisieren. Hingegen sollte auf Patentrezepte und voreilige Ratschläge verzichtet werden.

Psychopharmaka

Zunächst sei ausdrücklich betont, dass es keine medikamentöse Behandlung *der*, sondern allenfalls *bei* Suizidalität gibt. Allerdings spielen Psychopharmaka in suizidalen Krisen und nach Suizidversuchen in zweifacher Hinsicht eine große Rolle und sind daher in der Regel ein wichtiger Bestandteil der Krisenintervention.

Zum einen werden in der akuten Situation – und weitgehend unabhängig von den Hintergründen der Suizidalität – bestimmte Medikamente eingesetzt, die rasch entängstigen, entspannen und beruhigen und dadurch auch den Handlungsdruck zur Umsetzung suizidaler Impulse dämpfen können. Darüber hinaus haben sie einen schlaffördernden Effekt, auch um nächtliche Unruhe und quälendes Grübeln zu verhindern. Hierfür sind vor allem Tranquilizer vom Benzodiazepintyp geeignet. Alternativ kommen niederpotente Antipsychotika oder Antidepressiva mit sedierender und anxiolytischer Wirkung infrage. In dieser entlastenden und schützenden Funktion wird es sich in der Regel um eine zeitlich begrenzte Medikamenteneinnahme handeln. Dies ist bei den Benzodiazepinen auch deshalb zu beachten, da sie bei längerer Einnahme zu Abhängigkeit führen können. Ihre Einnahme ist daher auf wenige Tage bis maximal zwei Wochen zu beschränken.

Zum anderen leisten bestimmte Medikamente einen wichtigen Beitrag zur Behandlung von psychischen Erkrankungen, die die Suizidalität begünstigen. Ihre Verordnung sollte bereits in der akuten Situation begonnen und ggf. längerfristig geplant werden. Dies betrifft insbesondere Antidepressiva bei depressiven Störungen und hochpotente Antipsychotika bei schizophrenen und anderen psychotischen Erkrankungen. Zu beachten ist allerdings, dass sich eine forcierte medikamentöse »Bekämpfung« von Wahn und Halluzinationen durch Antipsychotika potenziell suizidalitätsfördernd auswirken kann. Dieses Risiko wird verständlich, wenn man sich vor Augen führt, dass Symptome in der Regel einen »Kompromisscharakter« und dadurch eine stabilisierende Funktion haben. Fallen sie sehr schnell und ohne psychotherapeutische Unterstützung weg, kann dies zu einer psychischen Destabilisierung des Klienten führen.

Von einigen Substanzen ist außerdem bekannt, dass sie speziell auf gesteigerte Aggressivität und Impulsivität günstig einwirken und so – zusätzlich zu ihrem Effekt auf die affektive oder psychotische Symptomatik – bei Suizidalität im Rahmen psychischer Erkrankungen besonders geeignet sind. Hierzu zählen etwa Lithium, das vor allem zur Prophylaxe affektiver Psychosen eingesetzt wird, und das Antipsychotikum Clozapin.

Die Verordnung von Medikamenten sollte mit dem Hinweis verbunden werden, dass sie zwar bestimmte Beschwerden – etwa Ängste, Unruhe oder Schlafstörungen – lindern können, dass von ihnen aber die Lösung zwischenmenschlicher Konflikte oder sozialer Problemlagen nicht erwartet werden kann. Außerdem sind nicht alle Präparate für eine längerfristige Behandlung psychischer Erkrankungen geeignet.

Werden Medikamente verschrieben, sollte daran gedacht werden, dass sie auch als Suizidmittel verwendet werden können. Besonders gefährlich sind die trizyklischen Antidepressiva. Daher sollten – bei ambulanter Behandlung – kleine Packungen verordnet bzw. dem Klienten nur jeweils wenige Tabletten ausgehändigt werden. Außerdem muss bei der Verordnung von Psychopharmaka, besonders bei Benzodiazepinen, bedacht werden, dass sie durch eine »Maskierung« der Symptomatik zu einer Fehlbeurteilung der aktuellen Suizidalität führen können.

Beruhigend, entängstigend und schlafanstoßend wirkende Medikamente sind bei der Bewältigung suizidaler Krisen hilfreich und daher meistens – als ergänzende und kurzfristige Maßnahme – angezeigt. Bei der Verordnung trizyklischer Antidepressiva ist zu beachten, dass sie als Suizidmittel genutzt werden können!

Ablauf der Krisenintervention

Der Prozess einer Krisenintervention unterscheidet sich danach, ob es um einen suizidgefährdeten Klienten geht, der bisher keinen Suizidversuch unternommen hat, oder um einen, der kurze Zeit zuvor versucht hat, sich das Leben zu nehmen.

Suizidgefährdung ohne bisherigen Suizidversuch

Krisenintervention beginnt – auch und gerade in einer angespannten Situation – mit dem Versuch, eine konstruktive Beziehungs- und Gesprächsaufnahme zu gestalten. Im Erstkontakt gilt es, mit dem Klienten die momentane Situation zugewandt und einfühlsam zu besprechen, wobei der aktuelle Gefährdungsgrad ausführlich und so konkret wie möglich und die suizidalitätsbegünstigenden Hintergründe zumindest zur ersten Orientierung erfragt werden müssen. Insbesondere sollten Hinweise auf psychosoziale Krisen und psychische Erkrankungen beachtet werden. In Abhängigkeit vom Schweregrad und den (vermuteten) Hintergründen der Suizidalität sowie der sozialen Situation muss am Ende des ersten Kontakts eine Entscheidung über das weitere Vorgehen getroffen werden. Konkret muss geklärt werden, ob eine Fortsetzung der Krisenintervention notwendig ist, ob dies ggf. der erste Gesprächspartner tun sollte oder ob eine andere Person oder Institution geeigneter ist. > Kontaktaufnahme und Haltung, Seiten 90, 124 ff.

Nicht so selten, wie dies möglicherweise vermutet wird, beschränkt sich die Krisenintervention bei einem suizidgefährdeten Menschen auf einen einzigen Kontakt: bei Hausärzten und Krisendiensten, in Beratungsstellen, Wohnheimen und psychiatrischen Ambulanzen, aber auch bei niedergelassenen Psychiatern und Psychotherapeutinnen. Solche auf einen Termin beschränkten Gespräche sind bei nicht akuter Suizidalität und günstigem sozialem Umfeld durchaus verantwortbar und ohne Nachteil für den Betroffenen, wenn es gelingt, die Situation weitgehend zu entdramatisieren, Selbsthilfepotenziale zu mobilisieren und dadurch realistische Zukunftsperspektiven zu eröffnen. Es empfiehlt sich allerdings, den Klienten darüber zu informieren, an wen er sich – möglichst rund um die Uhr – bei erneuten Schwierigkeiten wenden kann.

Sind weitergehende Kontakte notwendig – sei es aus diagnostischen oder kriseninterventorischen Gründen –, erfolgt bei glaubhafter Distanzierung des Klienten von der akuten Suizidalität und bei Absprachefähigkeit in der Regel eine Fortsetzung der ambulanten Beratung oder Behandlung. Die erste Ansprechperson muss allerdings entscheiden, ob sie für die anstehende Aufgabe kompetent genug ist und ihre Ressourcen ausreichen oder ob sie eine andere Person oder Institution einschalten muss. Setzt sie selbst die Gespräche fort, sind jeweils feste und verlässliche Termine zu vereinbaren, die zunächst kurzfristig stattfinden, etwa im Abstand von einem oder zwei Tagen, und sich im Wesentlichen an den erwähnten Strategien von Schützen, Entlasten und Stützen orientieren sollten. Gelegentlich können zwischenzeitliche telefonische Kontakte erforderlich sein oder auch die Nennung einer weiteren Ansprechperson im Fall eigener Nichterreichbarkeit.

Erscheint ein Klient zu einem vereinbarten Termin nicht, sollte unbedingt versucht werden, mit ihm, direkt oder über Angehörige, Kontakt aufzunehmen. Im Verlauf der Gespräche muss schließlich geklärt werden, ob sich an die Krisenintervention eine Weiterbehandlung anschließen sollte, etwa eine psychiatrische Nachsorge oder eine Psychotherapie im engeren Sinne.

Die Kontaktdaten von engeren Angehörigen sind unbedingt aufzunehmen.

Sieht sich der erste Gesprächspartner des Klienten – aus welchen Gründen auch immer – nicht zur weiteren Betreuung in der Lage, darf er sich nicht scheuen, ihn an einen anderen Helfer zu verweisen oder eine Kollegin hinzuzuziehen. Allerdings bleibt er für den Klienten bis zu dessen Eintreffen beim nächsten Helfer verantwortlich. So ist es etwa angebracht, dass der in einem Wohnheim tätige Sozialarbeiter eine suizidal gewordene Klientin zur (erneuten) diagnostischen Abklärung oder (weiteren) Therapieplanung einem Psychiater vorstellt oder aber dass die Hausärztin einen suizidgefährdeten Klienten an eine Beratungsstelle, einen Krisendienst oder eine Psychotherapeutin vermittelt. Hierbei kommt einem kurzfristigen Termin und einer Übergabe der bisher vorliegenden Informationen eine kaum zu überschätzende Bedeutung zu. Bei ausgeprägter oder schwer beurteilbarer Suizidalität kann es auch erforderlich sein, den Klienten nach dem Erstkontakt unmittelbar einem anderen Helfer vorzustellen. Hierbei muss die Begleitung – etwa in eine Nervenarztpraxis oder eine psychiatrische Klinik – durch eine zuverlässige Person sichergestellt sein.

KLINIKAUFNAHME In einer Reihe von Situationen ist die stationär-psychiatrische Behandlung anzuraten oder auch dringend geboten. Der Helfer, der die Einweisung veranlasst bzw. durchführt, ist für den Klienten so lange verantwortlich, bis der erste Kontakt mit dem zuständigen Klinikarzt erfolgt ist. Eine suizidgefährdete Person darf also nicht einfach an der Krankenhauspforte oder in der Notfallambulanz »abgeliefert« werden.

Auch in der Klinik sollte ein suizidaler Klient zunächst durchgängig begleitet werden, bis er auf eine Station gebracht worden ist. So darf er etwa im Aufnahmebereich nicht allein gelassen werden, wenn die diensthabende Ärztin kurzfristig weggerufen wird. Es kommt immer wieder vor, dass Klientinnen und Klienten, die mit einer stationären Behandlung zunächst einverstanden waren, in solchen Situationen die Klinik wieder verlassen. Das kann zum Teil durch ihre Ambivalenz hinsichtlich der Annahme von Hilfe bedingt sein, aber auch durch die als stigmatisierend erlebte Rolle als psychiatrischer Klient. Am günstigsten ist es aus unserer Sicht daher, einen suizidalen Klienten sofort auf einer Station aufzunehmen, insbesondere wenn er mit einem Unterbringungsbeschluss in die Klinik gebracht worden ist.

Die ersten Stunden auf der Station können für suizidgefährdete Menschen eine besondere Belastung darstellen, der nicht nur mit Verständnis, sondern auch mit großer Fürsorge begegnet werden muss. Die Klienten sollten nicht sich selbst überlassen werden und – insbesondere bei schwer einschätzbarer Suizidalität oder großer Ambivalenz hinsichtlich der stationären Behandlung – bei Ausgängen zunächst begleitet werden. Eine Fallgeschichte soll diese Problematik verdeutlichen.

BEISPIEL

> Ein junger Mann kommt in die Ambulanz eines psychiatrischen Krankenhauses wegen lebensmüder Gedanken, die ihn seit einigen Wochen zunehmend belasten. Nach einem kurzen Erstgespräch hält der diensthabende Arzt eine stationäre Abklärung und Behandlung für angezeigt. Nach langem Zögern stimmt der Klient diesem Vorschlag zu und lässt sich auf die Station begleiten. Es ist aber deutlich, dass er nur halbherzig hinter seiner Entscheidung steht und ihn widersprüchliche Gefühle und Gedanken beschäftigen. Auf der Station wird er nur kurz begrüßt; es findet zunächst kein ausführliches Gespräch statt. Kurze Zeit später bittet der junge Mann den Stationsarzt darum, noch einmal nach Hause gehen zu dürfen, um sich einige persönliche Dinge zu holen. Diesem Wunsch wird stattgegeben. Als der Klient nach mehreren Stunden nicht wieder zurückkommt, ergeben die Nachforschungen, dass er sich zu Hause in der Badewanne suizidiert hat.

Einen großen Einfluss darauf, ob und wie eine hilfreiche Beziehung zustande kommt, hat die Empfangssituation auf der Station. Unabhängig davon, ob ein Klient freiwillig oder gegen seinen Willen aufgenommen wurde, sollte er möglichst umgehend von einem Mitglied des Teams begrüßt werden – etwa verbunden mit dem Angebot, etwas zu trinken oder zu essen – und die ersten Informationen über die Station und die Abläufe erhalten. Ein freundlicher und respektvoller Umgang erleichtert im Laufe der Zeit auch einem zunächst sehr abweisenden Klienten die Annahme von Hilfe.

Nach einem Suizidversuch

ÄRZTLICHE ABKLÄRUNG Beim Kontakt mit einem Klienten, der zuvor einen Suizidversuch unternommen hat, weist die Krisenintervention, vor allem in ihrer ersten Phase, einige Besonderheiten auf. Zunächst ist nämlich zu klären, ob eine unmittelbare körperliche Gefährdung vorliegt, die rasches ärztliches Handeln erforderlich macht. Während Verletzungen durch Schnittwunden oder als Folge von Sprüngen aus großer Höhe sowie Strangulationsmarken am Hals gewöhnlich sofort erkannt werden, ist die Einnahme – auch großer Mengen – von Psychopharmaka oder anderer Medikamente nicht immer offensichtlich. Bei entsprechendem Verdacht sollte der Klient daher intensiv befragt und sorgfältig untersucht werden, insbesondere die Mundhöhle auf Substanzreste und die Arme auf Einstichstellen. Außerdem ist auf herumliegende Tabletten und Medikamentenverpackungen zu achten. In solchen Situationen sollte der Haus- oder Notarzt sofort informiert werden, der sich um die erforderliche medizinische Versorgung kümmern muss. Bis zu seinem Eintreffen bleibt der Ersthelfer für den Suizidenten verantwortlich.

Je nach Schwere der körperlichen Schädigung erfolgt die internistische oder chirurgische Behandlung ambulant oder stationär. Ist aus organmedizinischen Gründen – etwa bei oberflächlichen Schnittwunden oder Einnahme ungefährlicher Medikamente – lediglich eine ambulante Versorgung erforderlich, stellt sich die Frage der weiteren psychosozialen oder psychiatrischen Betreuung in ähnlicher Weise wie bei suizidgefährdeten Menschen, die keinen Suizidversuch unternommen haben. Allerdings gilt die Faustregel, dass eine suizidale Handlung eine besonders verzweifelte oder hoffnungslose Lebenssituation anzeigt. Dies trifft insbesondere für Suizidversuche zu, die mit großer Aggressivität durchgeführt wurden. Daher ist hier eine stationäre Aufnahme häufiger erforderlich als bei lebensmüden Klienten, die keine suizidale Handlung durchgeführt haben.

Während der Krankenhausbehandlung eines Suizidenten auf einer internistischen oder chirurgischen Station wird häufig, aber nicht immer, eine Psychiaterin zur Konsiliaruntersuchung hinzugezogen. Dabei gilt es zu klären, ob zunächst eine kriseninterventorische und psychopharmakologische Mitbehandlung erforderlich ist und ob sich an die organmedizinische eine psychiatrische Behandlung – stationär oder ambulant – anschließen sollte.

Auch in solchen Situationen beschränkt sich der Kontakt mit der psychiatrischen Konsiliarärztin aus zwei Gründen nicht selten auf ein einziges Gespräch: Zum einen wird tatsächlich kein weiterer professioneller Handlungsbedarf gesehen, zum anderen – und das kommt nicht selten vor – ist der Klient nicht zur Fortsetzung einer an sich notwendigen oder sinnvollen Krisenintervention bereit, und eine Unterbringung gegen seinen Willen wäre wegen fehlender erkrankungsbedingter unmittelbarer Gefährdungsmomente rechtlich nicht zulässig. Durch ein geduldiges und verständnisvolles Gespräch gelingt es jedoch meistens, den Suizidenten vom Nutzen einer weiterführenden psychiatrischen Behandlung zu überzeugen. Die Chancen hierfür werden erhöht, wenn die Konsiliarärztin so früh wie möglich von den Organmedizinern hinzugerufen wird.

Wird der Suizident schließlich auf eine psychiatrische Station übernommen, läuft die weitere Krisenintervention in der bereits geschilderten Weise ab. > Klinik, Seiten 32 ff., 110, 130 f., 138 ff.

ABBILDUNG 13

Elemente der Krisenintervention

Merkmale	• Schneller Beginn • Realistische Ziele • Umschriebene Inhalte • Pragmatisches Vorgehen • Zeitliche Begrenzung
Kriseninterventionen	• Schützen • Entlasten • Stützen
Ablauf	• Abklärung und ggf. Abwendung einer unmittelbaren körperlichen Gefährdung • Gestaltung einer konstruktiven Beziehungs- und Gesprächsaufnahme • Besprechung der aktuellen Situation und Beurteilung des Gefährdungsgrades • Entscheidung über das weitere Vorgehen • Beendigung der Krisenintervention oder Fortsetzung der Krisenintervention oder Beratung mit einem bzw. Überweisung an einen anderen Professionellen oder Einweisung in stationär-psychiatrische Behandlung (ggf. gegen den Willen des Betroffenen)

Prävention suizidaler Krisen in Institutionen

Welche Möglichkeiten haben Helferinnen und Helfer, suizidale Krisen in Institutionen frühzeitig zu erkennen und suizidale Handlungen zu verhindern? Die Hinweise in diesem Abschnitt beziehen sich in erster Linie auf die Arbeit in psychiatrischen Krankenhäusern, sie lassen sich im Prinzip jedoch auch auf andere Einrichtungen übertragen, in denen psychisch erkrankte Menschen wohnen und / oder tätig sind, also auf Wohnheime und Wohngruppen, aber auch auf Tagesstätten und Werkstätten, beschützte Arbeitsplätze und andere Rehabilitationseinrichtungen (Finzen 1997; Menzel & Brieger 2021).

Wir haben schon darauf hingewiesen, dass es selbst bei größter Sorgfalt und fachlicher Kompetenz nicht möglich ist, alle Suizidhandlungen zu verhindern. Das liegt nicht zuletzt daran, dass der zeitliche Abstand zwischen dem Entschluss, sich das Leben zu nehmen, und der Durchführung einer entsprechenden Handlung in vielen Fällen sehr kurz ist. Wenn es sich dabei nur um wenige Stunden handelt, sind Interventionsmöglichkeiten nur in begrenztem Umfang gegeben, bei einem raptusartigen Suizid(-versuch) fehlen sie nahezu vollständig. Diese Erkenntnis darf freilich nicht dazu führen, nicht alle Möglichkeiten der Suizidprävention auszuschöpfen.

In Institutionen haben insbesondere die folgenden strukturellen und konzeptionellen Faktoren eine präventive Wirkung im Hinblick auf suizidale Krisen und Suizidversuche (nach Wolfersdorf 1995):

- Qualifikation und ausreichende Anzahl der Mitarbeitenden,
- Kontinuität und Kooperation im Team,
- positive prognostische Haltung der Helfenden,
- Supervisionsmöglichkeit,
- Aufmerksamkeit bei einem Wechsel von Leitungsfunktionen,
- Vorsicht mit kurzfristigen Änderungen von Konzepten und Therapiestrategien,
- Angemessenheit der diagnostischen Beurteilung und der therapeutischen Maßnahmen,
- individuell abgestimmte Rehabilitationsziele,
- Vorrang für Sicherungskonzepte auf der Basis von Beziehung und Fürsorge,
- Zurückhaltung bei (internen) Verlegungen,
- Beachtung potenziell ungünstiger medikamentöser Einflüsse,
- angemessene Größe der Behandlungseinheiten,
- freundlich gestaltete Räumlichkeiten,
- sorgfältige Vorbereitung von Ausgang, Beurlaubung und Entlassung.

Orientiert an wichtigen Eckpunkten einer stationären Behandlung seien einige Präventionsmaßnahmen besonders hervorgehoben.

Aufnahme Bei allen Patienten und Patientinnen sollte die Suizidalität im Erstgespräch »routinemäßig« abgeklärt werden. Eine freundliche Information über Räumlichkeiten, therapeutische Angebote und den Tagesablauf erleichtern das »Ankommen« und Eingewöhnen auf der Station oder in der Tagesklinik. Hierzu tragen auch die frühzeitige Benennung einer Mitarbeiterin als Bezugsperson und die Vorstellung in der Gruppe der Mitpatienten bei. Im Hinblick auf die Ausgangsregelung sind klare und verbindliche Absprachen zu treffen. Bei nicht sicher beurteilbarer Suizidalität ist es sinnvoll, den Patienten zu bitten, die ersten ein bis zwei Tage zunächst auf der Station zu bleiben bzw. diese nur in Begleitung eines Mitarbeiters oder Angehörigen zu verlassen. Schließlich sollte er aufgefordert und ermutigt werden, sich beim Auftreten lebensmüder Gedanken an die Bezugsperson bzw. einen anderen Mitarbeiter zu wenden.

Behandlungsverlauf Alle Patientinnen und Patienten sollten regelmäßig hinsichtlich der weiteren Entwicklung ihrer Suizidalität bzw. neu auftretender suizidaler Krisen eingeschätzt werden. Dies ist etwa im Rahmen einer mittäglichen Übergaberunde gut möglich. Bei entsprechenden Vermutungen oder bei Unsicherheit in der Einschätzung ist es erforderlich, die Betreffenden anzusprechen. Bestimmte krankheits- und behandlungsspezifische Situationen, die zum Teil bei den Risikoindikatoren bereits erwähnt wurden, verdienen spezielle Beachtung. Da Gedenktage wie Jahrestage von Todesfällen oder Trennungen eine akute suizidale Krise auslösen können, bedürfen sie besonderer Aufmerksamkeit. > Risikoindikatoren, Seiten 25 ff., 56, 64 ff., 73, 83, 122

Vereinbarungen über Ausgang und Beurlaubung zur Belastungserprobung sind im Gespräch mit den Betreffenden immer wieder zu überprüfen. Die suizidale Krise einer Patientin ist den anderen Teammitgliedern in den Übergabebesprechungen mitzuteilen und darüber hinaus leicht zugänglich zu dokumentieren. Insbesondere die (in der Nacht oder an den Wochenenden) diensthabenden pflegerischen und ärztlichen

Kollegen sollten persönlich informiert werden. Ist der Wechsel von Bezugspersonen oder die Verlegung auf eine andere Station ausnahmsweise einmal nicht zu vermeiden, bedürfen suizidgefährdete Patientinnen und Patienten einer besonderen Fürsorge.

Krankheits- und behandlungsbezogene Risikosituationen sind:

- Beginn oder Ende von Episoden funktioneller Psychosen,
- ausbleibende oder nur geringfügige Besserung der Symptomatik,
- Konfrontation mit episodenüberdauernden (vor allem emotionalen und kognitiven) Defiziten,
- Abnahme der Zeiträume zwischen Erkrankungsepisoden,
- Realisierung schwerwiegender krankheitsbedingter psychosozialer Folgen,
- bewusstes Erleben einer zunehmenden demenziellen Symptomatik,
- Mehrfach- und Langzeithospitalisation,
- Beendigung einer Therapie bzw. therapeutischen Beziehung.

ENTWEICHUNG Verlässt ein als suizidal eingeschätzter Patient ohne Absprache die Station, sollte das Team sofort zusammenkommen, um das weitere Vorgehen abzustimmen. Zunächst sind die Klinik und die Umgebung unverzüglich zu durchsuchen, um einer möglicherweise geplanten suizidalen Handlung zuvorzukommen. Dabei muss insbesondere an die bekannten Suizidorte (»Hotspots«) wie Hochhäuser, Brücken oder Bahngleise gedacht werden. Auch sollten die anderen Patienten und Patientinnen auf Hinweise oder Andeutungen angesprochen werden, die ihnen der Verschwundene möglicherweise gegeben oder gemacht hat. Weiterhin sind die Angehörigen, ggf. gesetzliche Betreuer und ambulante Therapeutinnen zu informieren.

Bestehen Hinweise auf eine akute Suizidgefahr oder ist der Betroffene wegen Suizidalität gegen seinen Willen untergebracht, muss – auch aus juristischen Gründen – sofort eine Fahndung durch die Polizei eingeleitet werden. Ansonsten kann damit zunächst abgewartet werden, wobei ein hierfür festgelegter Zeitraum nicht überschritten werden sollte. Schließlich muss die zuständige ärztliche und pflegerische Leitung über die Entweichung und die veranlassten Maßnahmen in Kenntnis gesetzt werden.

Glücklicherweise gehen die allermeisten derartigen Fälle nicht tragisch aus. Dennoch sollte mit dem Patienten nach seiner Rückkehr ein Gespräch geführt werden, in dem er nochmals auf die Absprachen hingewiesen wird. Darüber hinaus können ihm die – ohne Vorwurf! – gegebenen Informationen über die zwischenzeitlich erfolgten Suchmaßnahmen das Gefühl vermitteln, dass er anderen Menschen keineswegs gleichgültig ist.

Behandlungsende Asmus FINZEN (1997) hat mit seinem Diktum, die Entlassung sei das gefährlichste an der psychiatrischen Krankenhausbehandlung, pointiert auf diese potenziell suizidalitätsfördernde Risikosituation hingewiesen. Die Gründe dafür sind vielfältig:

- Verlust des schützenden Milieus,
- Beendigung therapeutischer Beziehungen,
- Rückgang von Kontakten,
- Angst vor Rückschlag,
- Demaskierung verminderter Belastbarkeit,
- eigene Anforderungen,
- Zunahme von (Rollen-)Erwartungen,
- unregelmäßige Medikation.

Die Konsequenz aus dieser Einsicht muss in einer sorgfältigen Entlassungsvorbereitung bestehen, vor allem bei Patientinnen und Patienten, die in Krisen zu suizidalen Reaktionen neigen. Hierzu eignen sich besonders Belastungserprobungen durch Beurlaubungen tagsüber oder an Wochenenden. Eine weitere wichtige präventive Maßnahme besteht in der kurzfristigen und verlässlichen Vereinbarung des ersten ambulanten Termins. Besonders günstig ist es, wenn dabei an eine schon bestehende therapeutische Beziehung angeknüpft werden kann oder die Kontaktaufnahme bereits während der stationären Behandlung erfolgt.

KRISENPLAN Weiterhin ist es hilfreich, zusammen mit dem Patienten und ggf. mit Angehörigen nicht erst unmittelbar vor der Entlassung, sondern bereits deutlich früher einen Krisenplan zu erstellen, in dem Möglichkeiten der Selbsthilfe und der professionellen Unterstützung konkret aufgeführt werden. Schließlich sollte jeder Patient ermutigt werden, sich in Krisensituationen, in denen keine der anderen besprochenen Hilfen zur Verfügung steht, telefonisch auf der Station zu melden oder sie unmittelbar aufzusuchen. > Krisenplan, Seiten 38 ff.

Dieser letzte Hinweis sollte gerade auch jenen Patientinnen und Patienten mit auf den Weg gegeben werden, die die Behandlung gegen ausdrücklichen therapeutischen Rat vorzeitig beenden. Für den keineswegs seltenen Fall, dass sie sich kurze Zeit später doch zu einer stationären Behandlung entschließen, sollte ihnen die Rückkehr nicht durch Scham oder Angst vor Ablehnung erschwert werden.

Die Entlassung aus einer stationär-psychiatrischen Behandlung stellt vor allem wegen des Wegfalls des schützenden Milieus und der therapeutischen Beziehungen sowie der zunehmenden Alltagsanforderungen eine potenziell suizidalitätsfördernde Situation dar. Die Entlassungsvorbereitung muss daher frühzeitig begonnen werden.

Primärprävention von Suizidalität

In der »Prävention« von Suizidalität werden gewöhnlich drei Aufgaben voneinander abgegrenzt: Als *Primärprävention* wird generell die Verhinderung der Entstehung suizidaler Krisen bei gesunden und kranken Menschen bezeichnet, als *Sekundärprävention* die Verhinderung suizidaler Handlungen bei suizidgefährdeten Personen und schließlich als *Tertiärprävention* die Verhinderung erneuter suizidaler Handlungen nach einem nicht tödlich ausgegangenen Suizidversuch. Sekundäre und tertiäre Prävention entsprechen hinsichtlich professioneller Interventionen dem, was wir bereits ausführlich zum Umgang mit suizidalen Klienten und Klientinnen erläutert haben. Selbstverständlich haben aber auch gesellschaftliche Faktoren, die über die Möglichkeiten helfender Berufe hinausgehen, Einfluss darauf, ob lebensmüde Menschen tatsächlich einen Suizidversuch begehen oder einen solchen wiederholen. Diesen Faktoren kommt im Hinblick auf die Primärprävention eine noch weit größere Bedeutung zu als bei der Sekundär- und Tertiärprävention.

Wesentliche suizidpräventive Elemente sind zunächst einmal günstige Sozialisationsbedingungen in Familie und Schule, Bekämpfung von Arbeitslosigkeit und Unterstützung in wirtschaftlichen Notlagen sowie kontaktstiftende Einrichtungen wie Vereine und Freizeitgruppen. Selbstverständlich tragen aber auch alle Berufsgruppen und Einrichtungen des Gesundheitswesens und viele beratende Institutionen zur primären Prävention bei, indem sie durch das Verhindern, frühzeitige Erkennen und Behandeln von Krisen und Erkrankungen potenziell suizidalen Entwicklungen entgegenwirken. Große Bedeutung kommt hierbei Hausärzten und Telefonnotrufeinrichtungen (Telefonseelsorge etc.) zu sowie Beratungsstellen, sozialpsychiatrischen und Kriseninterventionsdiensten, niedergelassenen Fachärzten, Psychologinnen und Klinikambulanzen.

Die Weltgesundheitsorganisation hat in ihren Empfehlungen zur Prävention von Suizidalität folgende Aspekte herausgestellt: Behandlung psychischer Krankheiten, Kontrolle des Waffenbesitzes, Detoxifizierung von Haushaltsgasen und Kfz-Abgasen, Kontrolle verfügbarer toxischer Substanzen und sachlich-zurückhaltende Berichterstattung in den Medien.

Ein Ansatz, der sich an Betroffene und ihre Angehörigen, an Helfende, aber auch an die Allgemeinbevölkerung wendet, besteht darin, das frühzeitige Erkennen und angemessene Behandeln jener Erkrankungen zu verbessern, die in hohem Maß mit Suizidalität einhergehen. Ein Beispiel ist das *Nürnberger Bündnis gegen Depression.* Von 2000 bis 2002 wurden im Rahmen eines großen, vom Bundesministerium für Familie und Gesundheit geförderten Forschungsprojektes zwei Ziele angestrebt: Reduktion der Zahl suizidaler Handlungen und Verbesserung der Versorgung von Menschen mit depressiven Störungen. Hierzu wurden Interventionen auf vier Ebenen durchgeführt: Schulung und Beratung der Hausärzte, Öffentlichkeitsarbeit (Plakate, Flyer, Kinospots, Veranstaltungen), Fortbildungsveranstaltungen für Multiplikatoren (etwa Lehrer und Pfarrer) einschließlich Empfehlungen zur Berichterstattung der Medien über suizidale Handlungen sowie verschiedene Angebote für Betroffene und ihre Angehörigen. Als Ergebnis dieser vielfältigen Bemühungen konnte zwar kein Rückgang der Zahl der Suizide, wohl aber eine deutliche Abnahme der Suizidversuche um ca. 25 Prozent erreicht werden (Althaus u. a. 2007). Seither wurde diese Vier-Ebenen-Intervention nicht nur in zahlreichen weiteren deutschen Städten, sondern auch in anderen Ländern Europas etabliert.

Im Jahr 2002 wurde auf Initiative der Deutschen Gesellschaft für Suizidprävention (DGS) ein Nationales Suizidpräventionsprogramm für Deutschland (NaSPRo) auf den Weg gebracht, in dem sich eine Fülle von Institutionen und Verbänden zusammengeschlossen haben. Seit der Gründung wurden bereits zahlreiche Projekte zur Suizidprävention durch verschiedene Arbeitsgruppen durchgeführt (Glasow & Hery 2016).

Fallstricke und ihre Vermeidung

Die wichtigsten Probleme im Umgang mit suizidgefährdeten Personen sollen im Folgenden noch einmal zusammengefasst werden. Sie lassen sich fast immer vermeiden, wenn man sich der folgenden »diagnostischen und therapeutischen Fallstricke« bewusst ist.

Erkennen und Beurteilen

Eine erste diagnostische Schwierigkeit kann sich bereits daraus ergeben, dass wir im Kontakt mit einem Klienten Lebensmüdigkeit überhaupt nicht in Erwägung ziehen, weil es keine offensichtlichen Anzeichen dafür gibt. Die Kenntnis der Risikoindikatoren sollte uns jedoch bei Menschen in kritischen Lebenslagen oder beim Auftreten psychischer Störungen daran denken lassen, dass sich der Klient in einer suizidalen Krise befinden könnte ganz besonders dann, wenn auch seine verbalen und nonverbalen Äußerungen sowie sein Verhalten den Eindruck von Abschiedsgesten vermitteln.

REGEL »Bei Personen mit Risikoindikatoren an Suizidalität denken!«

Wenn wir annehmen, dass eine Klientin suizidal ist, wäre es ein Fehler, diese Vermutung nicht anzusprechen. Dies sollte natürlich behutsam und verständnisvoll geschehen. Keinesfalls aber ist die Befürchtung gerechtfertigt, durch das Thematisieren von Lebensmüdigkeit oder suizidalen Handlungen würden diese erst ausgelöst.

REGEL »Suizidalität ansprechen!«

Weiterhin ist es problematisch, wenn das Ausmaß der Suizidalität nur ungenau erfragt wird, etwa weil der Klient deutlich macht, dass er ungern über entsprechende Einzelheiten spricht. Da die Art unserer Hilfeangebote ganz wesentlich davon abhängt, wie akut die Lebensmüdigkeit ist und mit welchem Handlungsdruck sie einhergeht, sollten wir uns um konkrete Angaben bemühen.

REGEL »So konkret wie möglich nachfragen!«

Selbst wenn deutlich wurde, dass eine Klientin lebensmüde ist, wird dennoch das Risiko suizidaler Handlungen zuweilen unterschätzt. Beispielsweise werden indirekte Ankündigungen in ihrer Bedeutung nicht erkannt, wird nicht nach entsprechenden Hinweisen in der Lebensgeschichte gefragt, wird die Suizidalität vorschnell als »nicht ernsthaft« und »nur demonstrativ« gewertet oder werden bagatellisierende und beschwichtigende Äußerungen oder Verhaltensweisen der Klientin nicht hinterfragt.

REGEL »Suizidalität immer ernst nehmen!«

Von den seltenen Ausnahmen unmittelbarer Handlungsnotwendigkeit abgesehen, sollte man keinesfalls im Gespräch nur auf die Lebensmüdigkeit fokussieren und den Kontext vernachlässigen, in den das suizidale Erleben eingebettet ist. Die Lebensumstände insgesamt sind für die Beurteilung der Suizidalität und damit auch für Art und Umfang unserer Interventionen von großer Bedeutung. Es gilt also, sich einen Eindruck vom psychischen Befinden insgesamt und von der aktuellen Lebenssituation zu machen und dabei sowohl die Ressourcen und Selbsthilfepotenziale der betroffenen Person als auch schützende Aspekte ihrer Umgebung nicht zu übersehen.

REGEL »Die Wahrnehmung vervollständigen!«

Begleiten und Betreuen

Ein Gespräch mit lebensmüden Menschen, insbesondere nach einem Suizidversuch, ist für Helferinnen und Helfer gewöhnlich schwierig, vor allem aufgrund der häufig belastenden emotionalen Befindlichkeit des Klienten. Es wäre dennoch unangebracht und im Übrigen therapeutisch schädlich, die aktuellen Gefühle des Betroffenen zu übergehen. Vielmehr ist es wichtig, ihm dabei zu helfen, seine Trauer, Verzweiflung, Hoffnungs- und Hilflosigkeit, aber ggf. auch seinen Ärger und seine Wut auf andere Menschen zuzulassen und wahrzunehmen. Dies ist eine wesentliche Voraussetzung dafür, dass die suizidale Krise konstruktiv bewältigt werden kann.

REGEL »Dem Klienten (und uns als Helfende) seine Gefühle bewusst machen!«

Der Versuch, eine vorschnelle Neuorientierung des Klienten auf die Zukunft zu erreichen, ist wenig hilfreich und kann vom Betroffenen auch so verstanden werden, dass wir Helfende seine Lage nicht ernst nehmen. Wie das Übergehen unbequemer Gefühle kann dies zu einer Verleugnung oder Bagatellisierung jener Schwierigkeiten beitragen, die der Lebensmüdigkeit zugrunde liegen. Damit ist nicht gemeint, dass die auslösenden und die – häufig prognostisch noch wichtigeren, zumeist aber nur partiell bewussten – ursächlichen Motive schon in den ersten Kontakten vollständig und tiefgründig angesprochen werden müssen, was die Suizidalität sogar verstärken könnte, sondern darum, einer Verharmlosung der Problematik entgegenzuwirken.

REGEL »Benennen der Schwierigkeiten und Konflikte, die zur Suizidalität beitragen!«

Helfenden und Therapeuten fällt es nicht immer leicht, realistisch einzuschätzen, welche Anforderungen eine Klientin in einer bestimmten Lebenssituation bewältigen kann, sodass unangemessene Behandlungsziele vorgegeben werden. Die Orientierung an kleinen Schritten ist gerade im Umgang mit lebensmüden Menschen von großer Bedeutung. Es gilt, einer Überforderung durch Sozio- und Psychotherapie vorzubeugen, die Misserfolgserlebnisse begünstigen und dadurch eine erfolgreiche Bearbeitung der Suizidalität behindern kann.

REGEL »Realistische Therapieziele ansteuern!«

Für die meisten Menschen in suizidalen Krisen ist eine verlässliche und vertrauensvolle Beziehung eine wichtige, sie im Leben haltende Hilfe. Veränderungen des therapeutischen Prozesses dürfen daher nicht unterschätzt werden, vor allem wenn sie für den Klienten unvorbereitet oder plötzlich erfolgen. Hier sind insbesondere ein Wechsel der Bezugsperson oder Unterbrechungen der (therapeutischen) Beziehung (etwa durch Verlegung auf eine andere Station oder Urlaub des Therapeuten) zu nennen. Trennungsängste mit einem Wiederauftreten der Suizidalität können die Folge sein.

REGEL »Aufrechterhalten der Beziehungskontinuität!«

Ein wichtiges Hilfsmittel im Umgang mit suizidgefährdeten Menschen können Nonsuizidverträge sein. Solche Vereinbarungen sollen die Selbstverantwortung der Klienten unterstützen, aber nicht einer Entlastung der Therapeuten dienen. Es gilt zu prüfen, für welche Klienten sie geeignet sind bzw. bei wem sie zurückhaltend oder eher nicht eingesetzt werden sollten.

REGEL »Verantwortungsvoller und kritischer Umgang mit Nonsuizidverträgen!«

Bei der Behandlung mit Psychopharmaka sind mehrere Aspekte zu beachten. So sollte für eine als notwendig erachtete medikamentöse Behandlung bei der Klientin durch eine gründliche Aufklärung und Information geworben werden. Präparate sind grundsätzlich so niedrig wie möglich zu dosieren und unter Berücksichtigung ihrer unerwünschten Wirkungen auszuwählen. Eine hinsichtlich Dauer und Dosis inkonsequente Medikation kann mehr schaden als nutzen. Außerdem muss im ambulanten Bereich darauf geachtet werden, der Klientin Medikamente nicht in solchen Dosen zu verordnen, die für einen Selbsttötungsversuch verwendet werden können.

REGEL »Mit der Klientin abgestimmter, zurückhaltender Einsatz von Psychopharmaka!«

Werden suizidale Menschen durch Aufnahme in eine Klinik oder durch eine dichte Begleitung im Alltag vorübergehend geschützt, sollte der Abbau dieser Schutzmaßnahmen (etwa durch Ausgänge oder Beurlaubungen während einer stationären Behandlung) so erfolgen, dass keinesfalls die mit der zunehmenden Selbstverantwortung einhergehenden potenziellen Belastungen unterschätzt werden. Dies trifft besonders für die Konfrontation mit Anforderungen in der Ergotherapie und für die stufenweise Wiedereingliederung in den Beruf zu.

REGEL »Schrittweise Rücknahme schützender Maßnahmen!«

Eine besonders kritische Phase des Therapieprozesses ist sein Ende, sei es die Beendigung einer ambulanten Krisenintervention oder Psychotherapie oder die Entlassung aus einer stationären Behandlung. Der Wegfall der Bezugsperson und/oder des schützenden Milieus und die vermehrten Anforderungen des Alltags können insbesondere bei noch nicht wieder ausreichend stabilisierten Menschen Verunsicherung, Ängste oder sogar erneute suizidale Krisen auslösen. Das Behandlungsende bedarf daher besonderer Aufmerksamkeit.

REGEL »Sorgfältige und frühzeitige Vorbereitung des Behandlungsendes!«

Im psychosozialen Bereich tätige Personen tun sich nicht immer leicht in ihrer Beurteilung der näheren Bezugspersonen der Klientinnen und Klienten. Dies betrifft insbesondere deren näheren Familienmitglieder und den Umgang mit ihnen. Noch immer dominiert bei manchen Therapeuten eine kritisch-negative Sicht auf Angehörige. Die Akzeptanz der Tatsache, dass eine Behandlung vielfach nur mit und nicht gegen Angehörige erfolgreich sein kann, sollte diese Haltung ebenso relativieren wie die Einsicht, dass diese Menschen für den Klienten auch dann zur Verfügung stehen, wenn unsere Bemühungen scheitern. Hierzu kann nicht zuletzt eine Sensibilität für deren eigene Not und Belastung beitragen.

REGEL »Einbeziehung der Angehörigen in die Behandlung, allerdings nur mit Zustimmung des Klienten!«

Der Umgang mit suizidalen Klienten stellt für Helferinnen und Helfer in mehrfacher Hinsicht eine ausgesprochen schwierige Aufgabe dar, da sie persönliche Einstellungen berührt und das professionelle Selbstverständnis infrage stellen kann. Uns selbst nicht immer bewusste Haltungen können die Beziehungsaufnahme zu einem lebensmüden Menschen erschweren, im Extremfall können sie sogar seine Suizidalität verstärken. Es ist daher sehr wichtig, sich selbstkritisch Klarheit darüber zu verschaffen, wie man der Möglichkeit des Menschen zur Selbsttötung gegenübersteht und ob man mit Klienten in suizidalen Krisen arbeiten kann und möchte. Nicht jeder Helfer ist für alle Aufgaben in gleicher Weise geeignet und sollte dies auch nicht von sich erwarten.

REGEL »Die eigene Haltung gegenüber Suizidalität und suizidalen Klienten reflektieren!«

Einigen der angesprochenen Schwierigkeiten liegt eine Überschätzung professioneller Möglichkeiten, Kompetenzen und Verantwortlichkeiten zugrunde. Damit ist nicht nur das Risiko einer in bester Absicht erfolgenden (Selbst-)Überforderung von Betreuern und Therapeutinnen verbunden, sondern dadurch werden auch unangemessene Erwartungen an die Veränderungsbereitschaft des Klienten und ggf. seines Umfeldes begünstigt.

REGEL »Realistische Beurteilung der eigenen Rolle und Bedeutung als professionelle Helfer!«

Folgen einer Suizidhandlung

Eine Suizidhandlung zieht nicht nur Familienangehörige in dramatischer Weise in Mitleidenschaft, auch Freunde, Mitklienten und professionell Helfende sind emotional stark betroffen, deshalb muss der Umgang mit den »Überlebenden« eines Suizids thematisiert werden. Hierzu gehört auch die Furcht vor dem Nachahmungshandeln anderer Klientinnen und Klienten im Gefolge einer Suizidhandlung, die die Professionellen im therapeutischen Alltag zusätzlich belastet (Illes u. a. 2015; Menzel & Brieger 2021).

Der Werther-Effekt

Der Begriff »Werther-Effekt« (siehe dazu Till & Niederkrotenthaler 2019; Ziegler & Hegerl 2002) für Suizide oder Suizidversuche, die dem Vorbild einer meist nur kurze Zeit zurückliegenden Suizidhandlung eines anderen Menschen folgen, geht auf Johann Wolfgang von Goethes Roman *Die Leiden des jungen Werthers* zurück. Nach dessen Veröffentlichung 1774 kam es angeblich zu einer großen Zahl von Suizidhandlungen junger Männer, die sich mit der suizidalen Hauptfigur des Romans, einem unglücklich verliebten Mann, identifiziert hatten.

Eindeutig empirisch nachgewiesen sind suizidale Nachahmungstaten im Zusammenhang mit dem zuerst 1981 gesendeten Fernsehfilm *Tod eines Schülers,* nach dessen Ausstrahlung eine deutliche Häufung von Suizidhandlungen zu beobachten war. Nach dem Suizid des Fußballtorwarts Robert Enke 2009 gab es vorübergehend eine deutliche Zunahme von Selbsttötungen mit der gleichen Methode (Sprung vor einen Zug).

Ähnlich haben Untersuchungen in den USA nachgewiesen, dass Presseberichte über Suizide, insbesondere »Sensationsberichte« auf der ersten Seite einer Zeitung, die Zahl der Suizide mit derselben Methode kurzfristig ansteigen lassen.

Ist es vorstellbar, dass sich ein Mensch, der mit seinem Leben zufrieden ist, tötet, weil er vom Suizid einer anderen, ihm zumeist unbekannten Person erfahren hat? Wohl kaum. Eher müssen wir davon ausgehen, dass beim Werther-Effekt zuvor schon suizidale Menschen dem Modell eines »erfolgreichen« Vorbildes folgen. Die Presse schreibt dann gelegentlich vom »Selbstmörder-Hochhaus« oder von der »geheimnisvollen Brücke« mit »magischer Anziehung«, von der sich mehrere Menschen in den Tod gestürzt haben.

Auch in psychiatrischen Einrichtungen gibt es manchmal Suizid»serien« im Sinne des Werther-Effekts. Asmus FINZEN (1997) berichtet etwa, dass sich eine Reihe von Patienten der psychiatrischen Klinik, die er ärztlich leitete, innerhalb kurzer Zeit auf den Gleisen einer ICE-Bahnstrecke nahe der Klinik getötet hatten. Beschämt schildert er, wie die Aufregung und Hilflosigkeit der Klinikmitarbeitenden dazu geführt hatten, eine Zeit lang Tag und Nacht selbst an der Bahnstrecke zu patrouillieren, um weitere Suizide zu verhindern. Die an der Suizidserie beteiligten Patienten kannten sich anscheinend zumeist nicht persönlich.

Neben der Orientierung an einer »erfolgreichen« Methode wirkt beim Werther-Effekt zusätzlich die Identifikation mit der durch den Suizid verstorbenen Person. In psychiatrischen Einrichtungen müssen wir davon ausgehen, dass ein solches Identifikationspotenzial unter den Klientinnen und Klienten hoch ist, etwa mit dem Gefühl verbunden: »Der sich getötet hat, war ja auch krank und litt wie ich unter …«

Umgang mit den anderen Klientinnen und Klienten

Sollte der Suizid in der Einrichtung selbst stattgefunden haben, können emotionale Reaktionen besonders intensiv ausfallen. Die verantwortliche Leitung der Institution und die Polizei müssen sofort benachrichtigt werden. Neben den Kollegen der eigenen Einrichtung sollten möglichst rasch solche Institutionen informiert werden, mit denen enge Kooperationen bestehen. Das Wohnheim etwa wird die Werkstatt und die Kontaktstelle informieren, damit die dort tätigen Kolleginnen und Kollegen entscheiden können, ob sie den Suizid mit ihren Klienten selbst thematisieren, bevor diese per »Szenetratsch« davon erfahren.

Aus unserer Erfahrung wird eine solche Information der anderen Einrichtungen oft »vergessen«. Der Hintergrund dieses Fehlverhaltens sind wohl zumeist die emotionale Anspannung und der Handlungsdruck der Mitarbeitenden in ihrer eigenen Einrichtung, etwa hinsichtlich der Sorge um die anderen Klienten und Klientinnen. Wie wir in Supervisionen und Fortbildungen immer wieder gehört haben, scheinen viele Kollegen auf den Suizid »ihres« Klienten, gerade im ersten Augenblick, mit Schamgefühlen und Selbstzweifeln zu reagieren, was den Schritt nach außen erschwert.

Nachdem Vorgesetzte und Kollegen in der eigenen Institution und den kooperierenden Einrichtungen informiert worden sind, muss der Suizid mit den anderen Klienten thematisiert werden. Diese Aufgabe therapeutisch kompetent zu erfüllen, gehört vielleicht zu den schwierigsten Anforderungen psychiatrischen Handelns, weil professionelle Helfer in dieser Situation oft selbst in einer psychischen Ausnahmesituation mit Gefühlen von Trauer, Schock, Wut und Verzweiflung stecken. Umso wichtiger ist die Klärung im Mitarbeiterteam, wer diese besondere Gesprächsrunde mit den Klientinnen und Klienten leiten kann. Jemand, der emotional in besonderer Weise betroffen ist, etwa weil er als »Bezugstherapeut« zum verstorbenen Klienten einen besonders engen Kontakt hatte und sich für ihn verantwortlich fühlte, sollte nicht mit dieser Aufgabe belastet werden.

Schwierige Gesprächsrunde

Wie kann eine Gesprächsrunde nach dem Suizid eines Klienten konkret gestaltet werden?

Zunächst müssen die anderen Klienten über die Selbsttötung informiert werden, und zwar *ohne* dass die Suizidmethode genannt wird. Nachfragen von Klienten zu Details sollten nicht beantwortet werden, weil das Wissen von Suizidmethode und konkreten Umständen die Gefahr von Nachahmungshandeln erhöht.

Alle Klientinnen und Klienten sollten in einer ruhigen Atmosphäre Gelegenheit dazu bekommen, ihre Gefühle und Gedanken zu äußern. Neben dem Ausdruck von Trauer durch Weinen oder Wehklagen können wir mit Beschimpfungen bezogen auf den Verstorbenen (»Der hat mich sowieso genervt!«) oder den betroffenen Mitarbeiter (»Sie sind schuld!«) ebenso rechnen wie mit Abwehrreaktionen, etwa scheinbarer Unbeteiligtheit (»Können wir jetzt endlich über den nächsten Ausflug reden?«). Dadurch, dass auch Mitarbeitende ihre eigene emotionale Verfassung ausdrücken, kann modellhaft deutlich werden, dass man vom Suizid berührt ist und dies offen thematisieren darf. Die Vorstellung, dass psychisch erkrankte Menschen allzeit starke und ewig gleich souveräne Therapeutinnen und Therapeuten brauchen, halten wir für fragwürdig. Gerade weil psychisch Kranke keine Kleinkinder sind, werden sie die Betroffenheit eines Mitarbeiters in einer solchen Situation eher als menschlich denn als »unprofessionell« wahrnehmen.

Mitarbeitende müssen ihre Gefühle nicht immer verbergen!

Die verbalen und nonverbalen Äußerungen der Klienten sollten von den Mitarbeitern aufmerksam wahrgenommen werden, um sich ein Bild von der psychischen Verfassung jedes Einzelnen in dieser Krisensituation machen zu können. Schweigende Klienten können wir durchaus bitten, uns an ihren Gedanken und Gefühlen teilhaben zu lassen. Da sich nicht alle Teilnehmenden – aus unterschiedlichen Gründen – in der Gruppe zu diesem Thema äußern können oder wollen, muss stets auf die Möglichkeit von Einzelgesprächen hingewiesen werden, die dann kurzfristig – in der Regel am selben Tag – vereinbart und auch geführt werden sollten.

In dieser Gesprächsrunde wie insgesamt in den ersten Tagen nach dem Suizid müssen sich die Mitarbeiterinnen und Mitarbeiter mit der Gefahr von Nachahmungstaten auseinandersetzen. Es ist zu befürchten, dass einzelne Klienten den Verstorbenen oder sein »erfolgreiches« Handeln als mutig und heldenhaft idealisieren und dass so in der Einrichtung ein Klima der emotionalen Identifikation mit dem Verstorbenen entsteht, das in Äußerungen anklingt wie »Ich habe doch die gleichen Probleme wie X« oder »Der hat es hinter sich«.

Schon in der Gesprächsrunde zur Information der Klientinnen und Klienten können Mitarbeitende versuchen, einer solchen Entwicklung etwas entgegenzusetzen. So können sie etwa eine Atmosphäre herstellen, in der eine Gruppe von *Lebenden* (Trauernden) über den Verstorbenen spricht. Eine emotionale Distanzierung vom Verstorbenen kann den anderen Klienten erleichtert werden, indem wir mit ihnen Informationen zusammentragen, wie wir es sonst im Mitarbeiterteam tun: »Haben Sie in den letzten Tagen Veränderungen an Herrn X bemerkt?« ist etwa eine Frage, die eine gemeinsame Außenperspektive formuliert. Das wichtigste Ziel in der Gestaltung dieser schwierigen Gruppensituation wäre demnach – bei allem Respekt vor dem Verstorbenen und ungeachtet der Trauer von Klienten und Mitarbeitern –, eine Außenperspektive anzubieten, die dem Identifikationssog entgegenwirkt.

In jedem therapeutischen Milieu stellt ein Suizid eine Katastrophe dar, die eine Krisensituation schafft. Die Handlungsmöglichkeiten der Mitarbeiter und Mitarbeiterinnen sind in einer Kontaktstelle anders als auf einer offenen oder geschlossenen Aufnahmestation. Vielfach wird es ein wichtiger Schritt sein, gerade denjenigen Klientinnen und Klienten einen engen Kontakt anzubieten, die durch eigene Suizidalität oder eine besondere Beziehung zum Verstorbenen stark betroffen sind.

Fremdbestimmung vermeiden

Das Repertoire der Hilfeangebote für Klienten in einer solchen Krisensituation unterscheidet sich prinzipiell nicht wesentlich vom Alltagshandeln in der psychiatrischen Praxis. Viele suizidgefährdete Klienten nehmen das Angebot zusätzlicher Einzelgespräche dankbar an, um darin den erlebten Suizid zu betrauern oder ihn als Anstoß für eigene Suizidgedanken zu thematisieren. Andere Klienten wünschen sich erfahrungsgemäß eher Ablenkung von den eigenen Suizidfantasien durch Aktivität oder fordern in der Situation ihre Bedarfsmedikation ein.

Allen Klienten sollte angeboten werden, sich an Trauerritualen zu beteiligen, zum Beispiel durch Teilnahme an der Beerdigung, um sich vom Verstorbenen verabschieden zu können. > Verabschiedung, Seiten 114, 126

Jenseits spezieller Hilfen für einzelne Klientinnen und Klienten kann es nach einem Suizid notwendig und sinnvoll sein, dass das Mitarbeiterteam vorübergehend nach einem Krisenplan mit der gesamten Gruppe arbeitet. In einem psychiatrischen Übergangswohnheim etwa, in dem nachts sonst nur studentische Hilfskräfte anwesend sind, können sich in den ersten Tagen nach einem Suizid die festen Mitarbeitenden mit nächtlicher Präsenz und Ansprechbarkeit abwechseln. In einem ambulanten Setting können Mitarbeitende die Möglichkeit einer stationären Krisenintervention für einige Tage thematisieren und dieses Angebot mit einzelnen Klienten abwägen.

Nach Suizidhandlungen können besondere Krisenpläne für die anderen Klienten notwendig werden.

All diese Möglichkeiten professionellen Handelns sind in der Regel als Hilfeangebote und nicht als Zwangsmaßnahmen zu reflektieren. Zwang und Fremdbestimmung sind für einen suizidgefährdeten Menschen besonders problematisch, weil seine Grundstimmung meist ohnehin von Gefühlen des Ausgeliefertseins und der Ohnmacht geprägt ist. Im Gefolge einer Suizidhandlung ist es deshalb besonders wichtig, die Selbsthilfepotenziale der anderen Klienten und Klientinnen nicht zu »vergessen«, vielmehr gezielt danach zu fragen, was sie selbst (!) ihren Suizidgedanken entgegensetzen können und welche spezifischen professionellen Hilfen sie sich gegenwärtig wünschen. Auch bei invasiven Maßnahmen, wie bei einer Klinikeinweisung, ist es bedeutsam, Gesprächsbereitschaft zu zeigen und das professionelle Handeln transparent zu machen, anstatt im »Rollkommando«-Stil die Hilflosigkeitserwartungen des Klienten zu bestätigen.

Umgang mit den Familienangehörigen

Neben der Sorge um die anderen Klienten müssen die professionellen Helfer und Helferinnen unbedingt auch den Angehörigen des Verstorbenen Hilfen anbieten.

Von einem Suizid sind im Durchschnitt sechs nahe Angehörige betroffen, die in der amerikanischen Fachdiskussion als »survivors« (Überlebende) bezeichnet werden. Mit diesem Begriff soll die besondere Tragik einer solchen Erfahrung zum Ausdruck gebracht werden. Wer einen Familienangehörigen durch Suizid verliert, »überlebt« dies mit einem erhöhten Risiko für psychosomatische Beschwerden, Depressivität und eigener suizidaler Gefährdung. In diesem Kontext hat der Satz »Nachsorge ist Vorsorge für die anderen« also eine besondere Bedeutung.

Aus der Trauerforschung wissen wir, dass der Tod eines geliebten

Menschen dann besonders schwer zu bewältigen ist, wenn der Verlust plötzlich geschieht. Kommt der unvermittelte Tod durch eine Suizidhandlung zustande, können bei den Hinterbliebenen sogar posttraumatische Belastungsstörungen ausgelöst werden. Kenntnisse menschlicher Trauerprozesse, etwa der Modellvorstellungen von Trauerphasen nach John Bowlby, Yorick Spiegel oder Verena Kast sind in diesem Problemfeld hilfreich für die psychiatrische Alltagspraxis.

ABBILDUNG 14

Trauerphasen (nach KAST 2013)

1. Phase des Nicht-wahrhaben-Wollens
bei Todesnachricht etwa »Das kann nicht sein, Sie lügen!« / gesunder (!) Abwehrmechanismus, mit dem kurzfristig die psychische Überforderung kompensiert wird

2. Phase der aufbrechenden Emotionen
Gefühle von Leere und Erstarrung werden allmählich von Wut / Hass abgelöst / Schuldgefühle und Selbstvorwürfe, aber auch oft Wut auf Verstorbenen oder Gott / Schicksal

3. Phase des Suchens und Sich-Trennens
gedankliche und emotionale Auseinandersetzung mit dem Verstorbenen in Träumen und »Zwiegesprächen«

4. Phase des neuen Selbst- und Weltbezuges
Integration der Verlusterfahrung / im »wahren Leben« mit schmerzhaften Rückfällen wird Freude am Leben wieder möglich

SCHULD- UND SCHAMGEFÜHLE Mit Blick auf solche Prozesse können wir den wichtigen Stellenwert besser verstehen, den eine Verleugnung der Realität haben kann oder auch wütende Anklagen gegen den Verstorbenen, den Therapeuten oder gegen Gott bzw. das Schicksal. Im Vergleich zu »normalen« Trauerprozessen leiden Suizidüberlebende häufig unter besonders intensiven Angst- und Schuldgefühlen. Auch starke Schamgefühle sind zu beobachten – eine leider allzu oft angemessene Reaktion auf Unverständnis und reale Stigmatisierung durch die soziale Umgebung.

Vor dem Hintergrund der extremen psychischen Belastung von Angehörigen nach einem Suizid ist die Kommunikation mit den psychiatrischen Helfern manchmal sehr schwierig. Gerade beim ersten Kontakt nach dem Suizid ist die Atmosphäre nicht selten durch Vorwürfe der Familie belastet (»Wir haben Sie doch über die Suizidgefahr informiert. Warum haben Sie nicht besser aufgepasst?«). Mit einer Omnipotenzzuschreibung an einzelne Mitarbeitende oder die Institution insgesamt erscheint das erlebte Nicht-verhindern-Können der Selbsttötung als Schlamperei oder Kunstfehler. Dabei werden Behandlungsfehler unterstellt (zu viele oder zu wenige Medikamente, therapeutische Unter- oder Überforderung des Verstorbenen etc.) und vereinzelt den Mitarbeitenden sogar juristische Schritte angedroht. Aus unserer Erfahrung ist die Gefahr solcher Eskalationen besonders groß, wenn beiderseits (bei Angehörigen und bei professionellen Helfern!) ausgeprägte Schuldgefühle vorhanden sind. Diese sind offen oder verdeckt ein wichtiges Thema, weil Angehörige (insgeheim oft aber auch Helfende!) von Schuldgefühlen in Bezug auf die Suizidhandlung gequält werden (»Wäre er vielleicht noch am Leben, wenn ich mich anders verhalten hätte?«). Vorwürfe und Schuldzuweisungen an andere können dann die Funktion der eigenen Entlastung haben und dienen nicht zuletzt der Bewältigung der Situation.

Mitarbeitende psychiatrischer Einrichtungen können versuchen, solche konfrontativen Entwicklungen zu vermeiden. Wer in einer derart schwierigen Situation Angehörige als Hilfebedürftige und aktuell traumatisierte Menschen wahrnehmen kann, vermeidet bei eventuell geäußerten Vorwürfen eine empörte Verteidigungshaltung. Wünschenswert sind stattdessen eine mitfühlende Anteilnahme, Empathie und Geduld. Wie im Kontext mit anderen Klientinnen und Klienten kann es auch im Angehörigengespräch wichtig sein, zunächst gemeinsam zu trauern, indem die Gefühle (Schock, Bestürzung etc.) ausgesprochen werden. Aufmerksamkeit und Fürsorge den Angehörigen gegenüber könnten etwa in Fragen nach dem Bedarf an praktischer oder emotionaler Unterstützung spürbar werden. Weitere Gespräche zur Entlastung können in der Einrichtung angeboten oder auch in einigem zeitlichen Abstand fest verabredet werden. Zusätzlich kann auf andere professionelle oder Selbsthilfeangebote verwiesen werden.

Ein reflektierter Umgang mit eigenen Schuldgefühlen hilft Mitarbeitenden im Kontakt mit vorwurfsvollen Angehörigen.

Trotz der hilflosen Wut, die Angehörige zunächst manchmal gegen die Mitarbeiterinnen und Mitarbeiter wenden, haben sie selbstverständlich ein Anrecht auf professionelle Hilfeangebote, auf Trost und Beistand. Eine besondere Bedeutung kann dabei dem »Freispruch der Familie« zukommen, also unsere Vermittlung jenes Wissens, dass Angehörige nicht schuld sind am Suizid ihres Familienmitglieds (Adresse der Angehörigenselbsthilfe siehe die Internetseiten am Ende des Buches).

Hilfen für Helfende

Der Umgang mit Menschen in suizidalen Krisen stellt fachlich und emotional ganz besondere Anforderungen an professionelle Helferinnen und Helfer. Viele fühlen sich dadurch stark belastet. Die Thematisierung von Suizidgedanken durch einen Klienten bewirkt in der Regel auf unserer Seite eine besondere Form der Aufmerksamkeit und wird nicht selten massiv sanktioniert. Wer über seine Lebensmüdigkeit spricht, riskiert etwa, in eine Klinik eingewiesen zu werden, was Betroffene dann als »Bestrafung« ihrer Offenheit empfinden mögen. So wird ein beträchtlicher Teil der psychiatrischen Zwangseinweisungen nach dem deutschen PsychKG mit »akuter Selbstgefährdung« begründet. Eine solche Erfahrung kann dazu führen, dass in der nächsten Krise Suizidgedanken verschwiegen werden.

Umgekehrt haben wir in der Klinik auch viele Patientinnen und Patienten kennengelernt, die uns augenzwinkernd berichteten, die von ihnen gewünschte Klinikaufnahme sei vom diensthabenden Arzt zunächst mit Hinweis auf ambulante Hilfemöglichkeiten abgelehnt worden. Das Aussprechen des »Zauberwortes Suizid« habe ihnen jedoch dann die Eintrittskarte in die Klinik gesichert.

Die Gefahr allzu ängstlicher oder rigider Reaktionen auf die Äußerung von Suizidgedanken muss offen reflektiert werden in Zusammenhang mit unseren eigenen Gefühlen im Kontakt mit einem suizidalen Klienten: Kann ich den Verantwortungsdruck ertragen? Wie soll ich tiefe Verzweiflung unterscheiden vom »Agieren« mit Erpressungscharakter?

Die psychischen Belastungen der psychiatrisch Tätigen wurden mit einer eigenen Befragung von Mitarbeitern untersucht (Eink 2013). Ein interessantes Ergebnis war, dass jeder dritte Mitarbeiter psychiatrischer

Einrichtungen angab, Suizidgedanken schon selbst erlebt zu haben, unter den ärztlichen Kollegen fast jeder zweite. Einige Äußerungen lauteten:

- Wer fragt nach Suizidgedanken bei Mitarbeitern?
- Ich hatte vor zehn Jahren schon Vorbereitungen getroffen, bevor ich mir professionelle Hilfe geholt habe.
- Manchmal ist die Balance schwierig zwischen Verantwortungsübernahme und Zurückgeben der Verantwortung an den Betroffenen.
- Es ist schwer für mich, anzunehmen, dass Menschen sich gegen das Leben und für den Tod entscheiden.
- Nach einem Suizid bleiben Ohnmachts- und Schuldgefühle zurück.
- Privat ist für mich die Option, mich zu suizidieren, etwas, was mir das Leben leichter macht.

Die Gefahr, unter dem Verantwortungsdruck unprofessionell-aggressiv zu agieren, macht das folgende Fallbeispiel deutlich:

BEISPIEL

Eine junge Borderline-Patientin bringt ein ganzes Stationsteam gegen sich auf, weil sie wiederholt Mitpatienten zum Suizid auffordert. Eigene Suizidgedanken thematisiert Frau C. in Gesprächen mit Mitarbeitern ebenso wie mit anderen Patienten. Immer wieder beklagen Mitpatienten, Frau C. versuche sie zu überzeugen, dass sie sich töten oder einen gemeinsamen Suizid begehen sollten. Das Team ist ernsthaft besorgt und gleichzeitig hilflos gegenüber dem »Agieren« der Patientin und verlegt diese schließlich wütend auf die Nachbarstation.

Als sich die Konflikte dort wiederholen, schreit der Stationspfleger Frau C. an: »Dann bringen Sie sich doch endlich um! Sie haben doch Abitur, da müssen Sie doch wohl wissen, wie das geht!«

Solche Entgleisungen machen deutlich, unter welch emotionalem Druck manche Helfer und Helferinnen bei Konflikten mit suizidalen Patienten stehen können.

Helfende unter Druck

Wenn Hilfeangebote den Betroffenen nicht zu helfen scheinen, ist das für psychiatrisch Tätige schon schlimm genug. Noch bedrohlicher ist die Befürchtung, »mein« Klient könnte sein Leben beenden und damit auch die therapeutische Beziehung dauerhaft und unwiderruflich abbrechen. Die Thematisierung des Suizids als schlimmster Katastrophe, als »GAU« helfender Beziehungen, deutet den Schrecken an, den er in unseren Reihen verbreitet.

Massiven Druck empfinden viele Mitarbeiter und Mitarbeiterinnen sowohl bei der Einschätzung der Suizidalität, bei der es keine absolute Sicherheit gibt, als auch im Hinblick auf ihre Handlungsmöglichkeiten, die oft die unerträglichen Konflikte, unter denen der Klient leidet, nicht auflösen können.

BEZIEHUNGSGESTALTUNG Therapeutische Beziehungen stellen sich über die Probleme eines Menschen her und auch innerhalb dieser Beziehungen sind Konflikte manchmal unvermeidbar. Unter solchen Vorzeichen sind Helfende verständlicherweise der besonderen Gefahr ausgesetzt, auf eine Suizidhandlung mit starker Verunsicherung und mit Schuldgefühlen zu reagieren.

BEISPIEL

Herr M., Sozialpädagoge im Betreuten Wohnen, erlebt über einen Zeitraum von zwei Wochen die Eskalation von Konflikten zwischen den drei Männern einer Wohngruppe. Aus seiner Sicht ist dafür primär die aggressiv-gereizte Verfassung von Herrn J. verantwortlich, der schließlich einen der beiden Mitbewohner mit Schlägen verletzt. Der Sozialpädagoge verbindet die Zwangseinweisung in die zuständige Klinik mit der Bitte an den Stationsarzt, Herrn J. am ersten Wochenende nicht zu beurlauben, damit in der WG etwas Zeit zum »Verschnaufen« ist und die gegen Herrn J. aufgebrachte Stimmung

(»Werfen Sie den endlich hier raus!«) sich wieder etwas beruhigen kann.
Am Freitagnachmittag, zwei Tage nach der Zwangseinweisung, ist Herr M. zum Gespräch mit den beiden verbliebenen Klienten in der Wohngruppe zu Gast. Plötzlich wird an der Wohnungstür Sturm geklingelt, Herr J. fordert Einlass. Der Stationsarzt habe ihn beurlaubt, damit er zu Hause einiges regeln könne. Herr M. verwehrt dem Klienten den Zutritt mit Hinweis auf die momentanen Ängste der Mitbewohner und schlägt eine weitere Klärung beim geplanten Besuch auf der Station am Montag vor. Als es im lautstarken Gespräch zu keiner Einigung kommt, beruft sich Herr M. auf sein Hausrecht, da die Wohnung durch den Trägerverein angemietet ist. Herr J. entfernt sich schließlich – laut schimpfend.
Zwanzig Minuten später klingelt es erneut an der Wohnungstür. Ein Polizist bittet Herrn M., ihn zu begleiten, um einen Toten zu identifizieren, der unter dieser Adresse gemeldet ist und gerade vom Dach des benachbarten Hochhauses gesprungen ist …
An diese Situation wird sich Herr M. in den nächsten Jahren, vielleicht sein Leben lang immer wieder erinnern, und zwar verbunden mit der Frage, ob er anders hätte handeln sollen.

Der professionelle Umgang mit einem Klientensuizid ist wohl nie umfassend zu erlernen, sondern kann im Gegenteil auch von erfahrenen Fachleuten als besondere emotionale Belastung erlebt werden.

Unterstützung durch das Team

Glücklich schätzen können sich Mitarbeiter, die den Verantwortungsdruck mit Kolleginnen und Kollegen teilen können. Die emotionalen Aspekte der Teamarbeit (»Dampf ablassen« können, Last auf mehrere Schultern verteilen etc.) sind im Kontakt mit suizidalen Klienten mindestens so bedeutsam wie die sachlichen Vorteile (wechselseitige Beratungsmöglichkeiten). Für Mitarbeiter mit einem »Einzelkämpferalltag«, wie er etwa im Betreuten Wohnen häufig vorkommt, stellt sich deshalb in besonderer Weise die Frage nach der Möglichkeit eines wenigstens gelegentlichen kollegialen Austausches.

Aus Supervisionserfahrungen wissen wir, dass das eigene Team in der Praxis nicht immer als hilfreich erlebt wird. Wir wollen deshalb einige Qualitätsmerkmale eines guten Teams markieren, die für die Arbeit mit suizidalen Klienten und Klientinnen hilfreich sind:

- angstfreies Klima,
- »Wir-Gefühl«,
- solidarischer Umgang mit Konflikten und Überforderungsgefühlen einzelner Mitarbeiter,
- gegenseitige Unterstützungsbereitschaft,
- Verzicht auf Konkurrenz und Besserwisserei,
- Wahrnehmung der unterschiedlichen Kompetenzen und Belastungsgrenzen untereinander.

Ganz besonders jüngere Kolleginnen und Kollegen mit wenig Praxiserfahrung werden eine sichere »Rückendeckung« durch ein gutes Team als wichtige Unterstützung erleben. In der Praxis mag sich eine gute Atmosphäre im Team darin zeigen, dass der neue Kollege sich traut, Unsicherheiten zu benennen und Beratung von erfahreneren Mitarbeiterinnen in Anspruch zu nehmen, statt so zu tun, als hätte er alles »im Griff«.

Wenn eine Institution den einzelnen Mitarbeiter genauso ernst nimmt wie jeden Klienten, müssen sich die offiziellen und heimlichen Spielregeln (»der Stil des Hauses«) auch an den unterschiedlichen Ressourcen und Grenzen der jeweiligen Mitarbeiter orientieren.

BEISPIEL

In einem psychiatrischen Übergangswohnheim mit 38 Bewohnern werden häufig Suizidgedanken thematisiert. Im Mitarbeiterinnenteam (drei Sozialpädagoginnen und drei Krankenschwestern mit sozialpsychiatrischer Zusatzausbildung) dominiert eine therapeutische Grundhaltung, nach der es wünschenswert ist, Bewohner auch in Krisen zu »halten« und nur im äußersten Notfall zur Krisenintervention in die Klinik zu schicken.

Frau S., eine 34-jährige Krankenschwester mit zwölfjähriger Berufserfahrung in psychiatrischen Einrichtungen, leidet unter dem Verantwortungsdruck, wenn sie am Wochenende allein im Dienst ist. In der Supervision beklagt sie, ihr Handeln erscheine ihr manchmal als »Pokern«, sie wisse nicht, wann sie einen Bewohner in die Klinik einweisen könne, ohne dass ihr dies später als »Abschiebung« angelastet werde.

Die Kolleginnen äußern Verständnis, einige schildern ähnliche Konfliktsituationen. Im Gefolge dieser Supervision wird die Einschätzung der Suizidalität einzelner Bewohner in den Teambesprechungen sorgfältiger thematisiert, gerade freitags im Hinblick auf das bevorstehende Wochenende. Wenn Frau S. Wochenenddienst hat, signalisiert die Einrichtungsleiterin wiederholt, dass sie ruhigen Gewissens die Hilfe der Klinik in Anspruch nehmen könne, wenn für sie der Verantwortungsdruck zu groß werde. Der suizidale Bewohner könne ja vielleicht schon am Montag ins Übergangswohnheim zurückkehren.

Eine besondere Verantwortung für eine konstruktive Atmosphäre im Team hat die jeweilige Leitungsperson. Sie kann am stärksten Einfluss nehmen auf die oben aufgelisteten »Qualitätsmerkmale« des Teams und versuchen, den Mitarbeitenden Unterstützung in Form von Fortbildungen und externer Supervision zu ermöglichen, was allerdings wegen finanzieller Kürzungen in jüngster Zeit immer schwieriger wird.

Wie wichtig auch die Beachtung der Gefühle von Mitarbeiterinnen und Mitarbeitern für die Vermeidung von Suizidhandlungen ist, hat Asmus FINZEN (1997) deutlich gemacht. Nach einer Suizidserie hatte er bei Gesprächen mit den betroffenen Teams erfahren, dass die verstorbenen Patienten oft diejenigen waren, die von Mitarbeitern als besonders »schwierig«, »anstrengend« oder »nervig« wahrgenommen worden waren. So mag die emotionale Überforderung professioneller Helfer (EINK & BÜRKNER 2017) für die Patienten als Distanzierung oder Ärger spürbar geworden sein, was das »Fass« suizidaler Verzweiflung zum Überlaufen gebracht haben mag.

In einem guten Team trauen sich Mitarbeiterinnen und Mitarbeiter auch, »unerwünschte« Gefühle zu thematisieren (Überforderung, Wut auf einen Klienten etc.).

Die Aufmerksamkeit für die Gefühle der Mitarbeitenden und die Vermeidung einer »genervten« Stimmung gegenüber einzelnen Klientinnen und Klienten ist also kein »Luxusthema« der Beschäftigten, sondern ein wichtiger Baustein kompetenter Suizidprävention. Dabei kann es durchaus notwendig werden, an sich wertvolle Prinzipien wie Betreuungskontinuität und Bezugspflege im Einzelfall außer Kraft zu setzen. Ein Wechsel des verantwortlichen Mitarbeiters kann bei extremer Belastung in der Beziehung zu einem Klienten für den »ausgebrannten« Helfer eine wichtige Entlastung darstellen. Eine neu beginnende Betreuungsbeziehung mit einem anderen Mitarbeiter bietet Chancen für alle Beteiligten. > Beziehungsbeendigung, Seiten 114, 126

BEWÄLTIGUNGSPHASEN Eine besondere Bedeutung hat die Beachtung der Gefühle von Helfenden, wenn ein Suizid erfolgt ist. In einem solchen »Katastrophenfall« erleben manche Mitarbeiter diese Verarbeitungsphasen: Schock, starker Emotionsausdruck und Bewältigung. Nach ersten Gefühlen des Schocks und Unglaubens zeigen sie oft intensive Reaktionen wie Wut, Schuldgefühle und Selbstzweifel. Erst in einer dritten Phase gelingt es allmählich wieder, eine professionelle Distanz aufzubauen und das Erlebte zu verarbeiten.

Bei der Nachbesprechung einer Suizidhandlung im Team ist eine (selbst-)kritische Reflexion des Handelns aller Mitarbeitenden ohne Schuldzuweisungen wichtig. Manchmal können auch andere Helfer aus der Analyse des Erlebten für den zukünftigen Umgang mit suizidalen Klienten lernen.

Eine solche rationale wie auch emotionale Aufarbeitung eines Suizids kann in einem Klinikkontext etwa im Rahmen eines »Teamtages« erreicht werden, an dem die Alltagsroutine von Kolleginnen und Kollegen anderer Stationen übernommen wird. Einem besonders stark betroffenen Mitarbeiter sollten vom Träger Einzelsupervisionstermine zur Bewältigung angeboten werden.

Eigene Grenzen akzeptieren

Bei aller notwendigen Konzentration auf das innere Erleben der Klienten sind die professionellen Helferinnen und Helfer keine emotional unbeteiligten Roboter. Gerade in der Arbeit mit suizidalen Personen erleben Mitarbeiter psychiatrischer Einrichtungen oft die Grenzen der eigenen Belastungsfähigkeit. Die Konfrontation mit dem fantasierten oder realen Tod bedrückt sie vielfach wegen des Verantwortungsdrucks, der auf ihnen lastet.

Wer sein Handeln dabei kompetent reflektiert, wird auch die eigene Belastungsfähigkeit in den Blick nehmen und dabei (wenigstens insgeheim) persönliche Einflussfaktoren mitbedenken. Negative Gefühle einem Klienten gegenüber oder die fehlende Unterstützung durch den Chef können das professionelle Handeln ebenso beeinflussen wie im engeren Sinn private Faktoren, etwa die eigene Ehekrise. Die Verleugnung solch subjektiver Einflüsse wäre aus unserer Sicht naiv.

Nicht etwa die Wutgefühle gegenüber dem schwierigen Klienten sind unprofessionell, sondern der unreflektierte Umgang damit.

In der folgenden Abbildung 15 haben wir problematische Gefühle von Mitarbeitern abgebildet, die im Kontakt zu suizidalen Klientinnen und Klienten entstehen können.

ABBILDUNG 15

Gefühle von Mitarbeitenden im Umgang mit suizidalen Klientinnen und Klienten

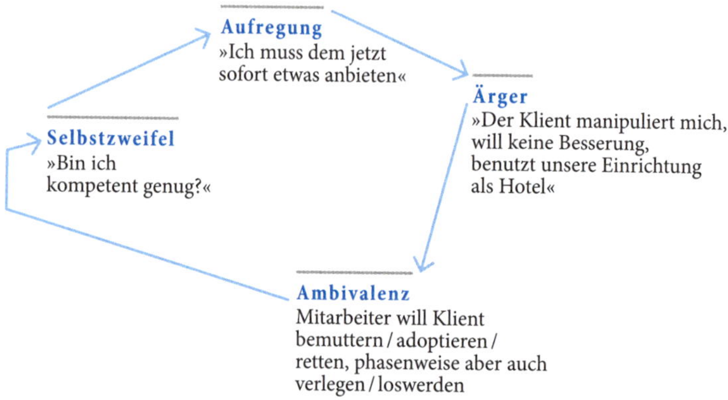

Bei der komplizierten Entscheidung einer Mitarbeiterin im Betreuten Wohnen, ob sie den suizidalen Klienten über das Wochenende zur Krisenintervention in der Klinik aufnehmen lässt, wird sie sinnvollerweise auch darüber nachdenken, wie viel Sorgen sie sich selbst an dem Wochenende zumuten kann.

Konflikthafte Verstrickungen mit eigenen Gefühlen erleben Mitarbeiter häufig gerade im Kontakt zu »chronisch suizidalen« Personen, bei denen der langfristig erlebte Lebensüberdruss als »Agieren« erscheint und Ärger provozieren kann.

BEISPIEL

Dr. E. übernimmt als junger Assistenzarzt die Leitung einer offenen Rehabilitationsstation. Wenige Wochen nach Dienstantritt empfängt ihn Herr M., ein depressiver Patient, morgens auf dem Flur mit den Worten: »Herr Doktor, das Hochhaus rückt immer näher!« Der Arzt bittet den Patienten sofort zum Einzelgespräch, in dem die Suizidfantasien (vom benachbarten Hochhaus zu springen) ausführlich besprochen werden. Nach dem Gespräch zeigt sich Herr M. entlastet, die »bösen Gedanken« seien nun nicht mehr so stark.

Am nächsten Morgen wiederholt sich die Szene, ebenso am übernächsten. Der Assistenzarzt realisiert, dass sich seine Besorgnis zunehmend mit Ärger über Herrn M. vermischt, von dem er sich erpresst fühlt (»Will der nur Aufmerksamkeit? Merkt der, wie unsicher ich noch bin? Muss der immer ankommen, wenn ich eigentlich zur ärztlichen Frühbesprechung erscheinen sollte?«). Fast zwei Wochen lang wiederholt sich die Szene in gleicher Weise, bis Dr. E. auf die ritualisierte Ansprache antworten kann, dass er unbedingt mit Herrn M. über diese quälenden Gedanken sprechen möchte, aber wegen ihrer Bedeutung lieber in Ruhe nach der Mittagsbesprechung des Teams statt am frühen Morgen. Dr. E. lässt den überraschten Patienten stehen und geht nervös zur Frühbesprechung (»Was mache ich, wenn Herr M. gerade jetzt vom Hochhaus springt?«).

Herr M. springt nicht während der Frühbesprechung vom Hochhaus, im Gegenteil: Beim Gespräch am Nachmittag nimmt er den Arzt entspannt und interessiert wahr.

Weil sich bei Dr. E. der Gedanke erhärtet, dass sich die »chronische Suizidalität« von Herrn M. durchaus auch mit dem Wunsch nach Kontakt zum freundlichen Stationsarzt verbindet, eröffnet er dem Patienten, er wolle weiterhin täglich mit ihm sprechen, da er ja von dessen Qualen wisse, aber jenseits des wichtigen Themas »Sterben« wolle er in Zukunft gern mit ihm auch über Dinge des Lebens sprechen.

Unter besonderen Belastungen, wie in dem beschriebenen Fall, ist es durchaus sinnvoll, die Grundregeln des Umgangs mit suizidalen Patienten kritisch zu überprüfen. Die hier erlebte Wut gefährdet die Empathiefähigkeit des Helfers im Kontakt zum verzweifelten Patienten.

Abschied von Allmachtsfantasien

Bei der Konfrontation mit Selbsttötungen laufen professionelle Helferinnen und Helfer Gefahr, zwischen Selbstüberschätzung und Versagensängsten hin- und herzupendeln.

Wünschenswert ist aus unserer Sicht stattdessen, auf der Basis eines bescheidenen Selbstverständnisses aufmerksam, engagiert und professionell kompetent zu handeln. Wir müssen akzeptieren, dass wir nicht jeden Suizid verhindern können. Wer sich dies klar und deutlich eingesteht, wird auch Mittel und Wege finden, mit suizidalen Äußerungen umzugehen. Die Möglichkeit der Selbsttötung gründet letztlich in spezifisch menschlichen Qualitäten, etwa der Fähigkeit, die eigene Existenz infrage zu stellen. »Der Mensch ist also fähig, am Sinn des Lebens zu zweifeln. In dieser Fähigkeit drückt sich aber eine der beiden spezifisch menschlichen Eigenschaften aus, nämlich die der Selbst-Transzendenz der Existenz. Analog wird nun die andere spezifisch menschliche Eigenschaft, nämlich die innere Möglichkeit der Selbst-Distanzierung, in der Fähigkeit sichtbar, über sich selbst zu lächeln. Mit anderen Worten: Kein Tier kann zweifeln, noch kann es lächeln«, schrieb Viktor Frankl (1988, S. 27).

Eine solche respektvolle Grundhaltung gegenüber Sinnfragen, Selbstzweifeln und Suizidgedanken verbindet Frankl mit Jean Améry, dessen *Diskurs über den Freitod* (2008) hilfreich sein kann, die Anteile bewusster und autonomer Entscheidungen eines Menschen beim Suizid wahrzunehmen und uns Helfenden damit auch einen Teil des Verantwortungsdrucks zu nehmen. Nicht akzeptieren können wir allerdings Amérys

Forderung, uns Helfende zurückzunehmen und immer passiv zu bleiben, wenn jemand suizidal ist. Der »Freitod« ist aus unserer Sicht nicht wirklich – zumindest nicht immer – Ausdruck einer »freien« Entscheidung. Dies gilt für Phasen sich zuspitzender Krisen, wie wir sie in psychiatrischen Einrichtungen erleben, in besonderer Weise. Dennoch ist es wichtig, die Grenzen unserer Einflussmöglichkeiten zu reflektieren, wie es etwa Gregory Bateson pointiert formuliert hat: »Was ein einzelner Mensch für einen anderen Menschen tun kann, ist nicht gerade überhaupt nichts, denn es erleichtert den Hilfesuchenden sicher manchmal, dass sich auch der Helfer darüber im Klaren ist, wie wenig Hilfe geleistet werden kann. Vorübergehender Schutz vor den kalten Winden einer wahnsinnigen Zivilisation, gemeinsam vergossene Tränen und gemeinsames Lachen – das ist es dann auch schon« (zitiert nach Dorrmann 2009, S. 148).

Im Rahmen professioneller Hilfebeziehungen kann durchaus mehr getan werden, als »gemeinsam Tränen zu vergießen«. Die Ebene des aktiven Handelns als Teil unserer Berufsrolle (Entscheidungen für andere treffen, im Notfall auch zwingen etc.) dominiert aus unserer Erfahrung das professionelle Selbstverständnis vieler Helfenden. Die andere Seite, also das Fragende, Zurückhaltende und das Betonen von Selbstverantwortung des Klienten, kommt in der Praxis dagegen oft zu kurz. Menschen in suizidalen Krisen leiden meist unter dem Gefühl, ihren Problemen hilflos ausgeliefert zu sein und ihr eigenes Schicksal nicht wirksam beeinflussen zu können. Deshalb müssen wir alles vermeiden, was diese Ohnmachtsgefühle verstärken könnte. Stattdessen ist die Frage hilfreich: »Was können Sie selbst Ihren Suizidgedanken entgegensetzen?« Wolfram Dorrmann (2009, S. 131 f.) macht am Beispiel eines »Notfallplans« anschaulich, welche Handlungsmöglichkeiten ein Klient in einer suizidalen Krise selbst nutzen könnte.

ABBILDUNG 16

Notfallpläne bei Suizidalität (DORRMANN 2018, S. 131 f.)

A Ich bin zu Hause und beschäftige mich nachhaltig mit dem Gedanken, mir etwas anzutun.

Ich schütze mich selbst, indem ich ...

... mich hinlege und mich entspanne

... dreimal tief einatme

... meine Lieblingsmusik auflege

... eine Entspannungs-CD höre

... mich fünf Minuten vor den Spiegel setze

... ein Glas kühles Wasser trinke

B Ich merke, dass ich länger als zehn Minuten über die Methoden nachdenke, mit denen ich mich umbringen könnte.

Ich schütze mich selbst, indem ich ...

... in die Natur oder in die Stadt gehe

... einen Dauerlauf mache

... ein warmes Bad nehme

... in ein Kissen hineinschreie

... ins Kino, in die Sauna oder zum Schwimmen oder ... gehe

... mit dem Auto fahre, ganz laut Musik höre und mitsinge

... einen Friseurtermin für den gleichen Tag vereinbare

... einen Massagetermin vereinbare

... mich einige Zeit unter die Dusche stelle

C Ich merke, dass ich meine Gedanken, mich umzubringen, nicht mehr bekämpfe.

Ich schütze mich, indem ich ...

... N. N. (eine bestimmte Person, jemand, der immer ein offenes Ohr hat) anrufe oder zu ihr / ihm gehe

... die Telefonseelsorge anrufe […]

... meine Therapeutin oder einen Kollegen in ihrer Praxis anrufe und mir einen Termin geben lasse

... zum Arzt gehe und mir Medikamente verschreiben lasse

Im Kontakt zu einer Klientin, die wiederholt in suizidale Krisen gerät, können wir ihre Ressourcen und Bewältigungskompetenzen bewusst machen mit der Frage: »Wie haben Sie es in der letzten Krise geschafft, zu überleben, obwohl es Ihnen damals auch so extrem schlecht ging?«

Wenn die Klientin den Kontakt freiwillig hergestellt hat, könnten wir ihr etwa folgende Fragen stellen: »Dass Sie mich angesprochen haben, zeigt ja, dass Sie Hilfe wollen. Gibt es einen Teil in Ihrer Person, der so nicht mehr leben kann, und einen Teil, der anders weiterleben will? Welche Hilfe könnte ich Ihnen geben und was könnten Sie selbst tun?«

Mit einem offenen und gelassenen Umgangsstil vermeiden wir am ehesten die unseligen »Pro und Kontra«-Vereinseitigungen, die uns manche Klientinnen und Klienten aufdrängen. Je verbissener und aufgeregter sich bei diesen fatalen »Rollenspielen« ein Mitarbeiter als »Anwalt des Lebens« gebärdet, desto eher mag der Klient unbewusst seine Ambivalenz auflösen zugunsten der anderen, der suizidalen Seite.

Die (Mit-)Verantwortung für einen suizidalen Klienten kann eine Ärztin, ein Sozialarbeiter oder eine Krankenschwester weder an einen Dienstvorgesetzten noch an den betroffenen Klienten ganz abgeben. Die Betonung der Selbsthilfemöglichkeiten des Klienten wird aber von vielen Betroffenen als hilfreiche Zuschreibung von Handlungskompetenz empfunden und wirkt so ermutigend.

Professionelle Helferinnen und Helfer unterstützen sich dabei selbst, indem sie sich bewusst machen, dass der leidende Klient nicht nur ein hilfloses Opfer seines Schicksals ist, sondern immer eigene Handlungsmöglichkeiten behält. Mit einer Grundhaltung, die sich an Prinzipien des Empowerments orientiert (Knuf 2020), ist die besonders verantwortungsvolle und belastende Arbeit mit suizidalen Klienten etwas besser zu bewältigen.

ABBILDUNG 17

Schätzen Sie ein, wie stark Sie die folgenden Ängste Ihren suizidalen Klienten gegenüber erleben. (DORRMANN 2018, S. 153 f.)

A Persönlichkeitsspezifische Ängste	sehr stark — gar nicht
1. Grundsätzliche Angst vor den Themen »Tod« und »Sterben«	5 — 4 — 3 — 2 — 1 — 0
2. Vermeidung des Themas wegen möglicher eigener Suizidalität bei ähnlichen Lebenssituationen (Angst vor dem eigenen Zustimmen)	5 — 4 — 3 — 2 — 1 — 0
3. Angst vor den möglichen intensiven Gefühlen des Klienten	5 — 4 — 3 — 2 — 1 — 0
4. Scheu, den Klienten mit seinem bisherigen »Versagen« im Leben zu konfrontieren	5 — 4 — 3 — 2 — 1 — 0
5. Eigene religiöse oder ethische Unsicherheiten oder Festgelegtheit beim Thema	5 — 4 — 3 — 2 — 1 — 0
6. Angst vor der Verantwortung	5 — 4 — 3 — 2 — 1 — 0
7. Angst vor den Konsequenzen eines Klientensuizids	5 — 4 — 3 — 2 — 1 — 0
8. Angst vor möglichen aggressiven Impulsen des Klienten	5 — 4 — 3 — 2 — 1 — 0
9. Angst, den eigenen Lebenssinn hinterfragen zu müssen	5 — 4 — 3 — 2 — 1 — 0

B Ängste bezüglich therapeutischer Kompetenzen	sehr stark — gar nicht
1. Angst vor einer Fehleinschätzung und den damit verbundenen Konsequenzen	5 — 4 — 3 — 2 — 1 — 0
2. Angst, den Klienten durch das Ansprechen erst »auf die Idee« zu bringen	5 — 4 — 3 — 2 — 1 — 0
3. Angst vor dem Manipuliertwerden durch den Klienten	5 — 4 — 3 — 2 — 1 — 0
4. Angst vor mangelndem eigenen Einfühlungsvermögen	5 — 4 — 3 — 2 — 1 — 0
5. Angst, die dem Thema angemessene Sprache nicht zu finden	5 — 4 — 3 — 2 — 1 — 0

Schlussbemerkung

Je kompetenter und erfahrener die Mitarbeiter und Mitarbeiterinnen psychiatrischer Einrichtungen sind, desto realistischer werden sie die eigene Rolle im Kontakt zu suizidalen Klienten und Klientinnen reflektieren. Selbst wenn wir gar nichts »falsch« machen, können wir nicht jede Selbsttötung verhindern. Manchmal gelingt es uns nicht einmal, die Beweggründe eines Menschen für diesen Schritt zu ergründen.

In einer Zeit, in der scheinbar alles machbar ist und »gemanagt« werden kann, fällt es schwer, zu akzeptieren, dass sich nicht alles beherrschen lässt. Ein psychiatrischer Kollege (Anonym 2001) hat in einer Fachzeitschrift den Suizidtod des eigenen Sohnes als »Geheimnis« bilanziert, das nicht restlos analysiert, gedeutet und bewältigt werden kann. Wir glauben, dies trifft den Kern: Als kompetente Helfende können wir manch Gutes tun und einige Fehler vermeiden. Von »absoluter Sicherheit« bleiben wir aber im Umgang mit suizidalen Klientinnen und Klienten weit entfernt. Tröstlich daran mag der Satz von Bertrand Russell sein:

»Der Jammer der Menschheit ist,
dass die Narren so selbstsicher sind
und die Gescheiten so voller Zweifel.«

Ausgewählte Literatur

Althaus, D.; Niklewski, G.; Schmidtke, A.; Hegerl, U. (2007): Veränderungen der Häufigkeit suizidaler Handlungen nach zwei Jahren »Bündnis gegen Depression«. In: *Nervenarzt,* 78, S. 272–282.

Améry, J. (2008/1976): Hand an sich legen. Diskurs über den Freitod. Stuttgart.

Anonym (2001): Erfahrungen und Überlegungen eines hinterbliebenen Psychiaters. In: *Psychiatrische Praxis,* 28, S. 353–356.

Baumann, U. (2001): Vom Recht auf den eigenen Tod. Weimar.

Birnbacher, D. (1996): Ethische Aspekte von Suizid und Suizid-Intervention. In: *Suizidprophylaxe,* 23, S. 97–100.

Bormuth, M. (2008): Ambivalenz der Freiheit. Suizidales Denken im 20. Jahrhundert. Göttingen.

Bronisch, T. (Hg.) (2002): Psychotherapie der Suizidalität. Krankheitsmodelle und Therapiepraxis – erklärungsspezifisch und schulenübergreifend. Stuttgart.

Bründel, H. (2004): Jugendsuizidalität und Salutogenese. Stuttgart.

Bründel, H. (2015): Notfall Schülersuizid. Risikofaktoren – Prävention – Intervention. Stuttgart.

Calliess, I. T.; Behrens, K.; Ziegenbein, M.; Haltenhof, H. (2008a): Transkulturelle Aspekte von Suizidalität. In: Wolfersdorf, M. u. a. (Hg.): Suizidalität. Verstehen – Vorbeugen – Behandeln. Regensburg, S. 63–90.

Calliess, I. T.; Behrens, K.; Ziegenbein, M. (2008b): Migranten. In: Wolfersdorf, M. u. a. (Hg.): Suizidalität. Verstehen – Vorbeugen – Behandeln. Regensburg, S. 91–99.

Coelho, P. (2000): Veronika beschließt zu sterben. Zürich.

Cording, C.; Sass, H. (2009): Begutachtung der »freien Willensbestimmung« bei Suizid in der Lebensversicherung. In: *Nervenarzt,* 80, S. 1070–1077.

Dietze, G. (Hg.) (1996/1981): Freitod in Selbstzeugnissen. Darmstadt.

Dorrmann, W. (2018/2009/1996): Suizid. Therapeutische Interventionen bei Selbsttötungsabsichten. München.

Durkheim, É. (2017/1897): Der Selbstmord. Frankfurt a. M.

Eichenberg, C. (2013): Suizidalität und Internet: Zwischen Gefährdung und Hilfe. In: *Sozialpsychiatrische Informationen,* 2, S. 17–23.

Eink, M. (2001): Jugendliche Suizidhandlungen als Folge von Verwöhnung? In: *Unsere Jugend,* 2, S. 483–487.

Eink, M. (2013): Hilflose Helfer? Psychische Belastungen bei MitarbeiterInnen psychiatrischer Einrichtungen im Kontakt zu suizidalen Patienten. In: *Sozialpsychiatrische Informationen,* 2, S. 13–17.

Eink, M.; Bürkner, J. (2017): Sekundäre Traumatisierung in der Jugendhilfe. In: *Unsere Jugend,* 3, S. 123–128.

Endres, P. (2009): Wir wollen leben. Suizid in der Familie bewältigen. Bonn.

Erlemeier, N. (2011): Suizidalität und Suizidprävention im höheren Lebensalter. Stuttgart.

Felber, W. (1993): Typologie des Parasuizids. Suizidale Gefährdung, taxonomische Auswirkung, katamnestisches Ergebnis. Regensburg.

Finzen, A. (1997): Suizidprophylaxe bei psychischen Störungen. Prävention – Behandlung – Bewältigung. Bonn.

Flechtner, K.-M.; Wolf, T.; Priebe, S. (1997): Suizidraten in einem gemeindepsychiatrischen Versorgungssystem. In: *Nervenarzt,* 68, S. 569–573.

Frankl, V. E. (1988): Die Sinnfrage in der Psychotherapie. München.

Glasow, N.; Hery, D. (Hg.) (2016): Das Nationale Suizidpräventionsprogramm für Deutschland. Regensburg.

Groeben, N. (2021): Sterbenswille. Verteidigung des rationalen Suizids und Sterbebeistands. Darmstadt.

Haenel, T. (2012): Amok und Kollektivsuizid. Selbsttötung als Gruppenphänomen. München.

Haenel, T.; Pöldinger, W. (1986): Erkennung und Beurteilung der Suizidalität. In: Kisker, K. P. u. a. (Hg.): Psychiatrie der Gegenwart. Band 2. Berlin, S. 107–132.

HALTENHOF, H. (2010): Wahnstörungen und Suizidalität. In: GARLIPP, P.; HALTENHOF, H. (Hg.): Seltene Wahnstörungen. Psychopathologie, Diagnostik, Therapie. Darmstadt, S. 162–170.

HALTENHOF, H. (2017): Suizidalität. In: VOLLMANN, J. (Hg.): Ethik in der Psychiatrie. Ein Praxisbuch. Köln, S. 73–82.

HALTENHOF, H. (2022): Grenzen der Suizidprävention. In: REUSTER, T. u. a. (Hg.): Brücken zwischen Psychiatrie und Philosophie. Heidelberg (im Erscheinen).

HALTENHOF, H.; SCHNEIDER, U.; SCHMID-OTT, G. (2009): Suizidalität bei Persönlichkeitsstörungen. In: HALTENHOF, H. u. a. (Hg.): Persönlichkeitsstörungen im therapeutischen Alltag. Lengerich, S. 216–232.

HENSELER, H. (2000/1974): Narzißtische Krisen. Zur Psychodynamik des Selbstmords. Reinbek.

HILGER, J. (2004): Der Werther-Effekt. Zur Entstehungsgeschichte und aktuellen Bedeutung eines literarisch-psychiatrischen Phänomens. In: *Sozialpsychiatrische Informationen*, 3, S. 48–52.

HIRSCH, R. D. (2013): Suizidale Krisen im Alter. In: *Sozialpsychiatrische Informationen*, 43, S. 23–28.

HORNBY, N. (2005): A long way down. Köln.

ILLES, F.; JENDREYSCHAK, J.; ARMGART, C.; JUCKEL, G. (2015): Suizide im beruflichen Kontext. Bewältigungsstrategien für Mitarbeiter im Gesundheitswesen und Rettungsdienst. Stuttgart.

JAMISON, K. R. (2000): Wenn es dunkel wird. Zum Verständnis des Selbstmordes. Berlin.

KARENBERG, A. (2005): Suizid und Suizidprävention: historische und ethische Aspekte. In: *Suizidprophylaxe*, 32, 1, S. 3–9.

KAST, V. (2013): Trauern: Phasen und Chancen des psychischen Prozesses. Stuttgart.

KIND, J. (2011/1992): Suizidal. Die Psychoökonomie einer Suche. Göttingen.

KNUF, A. (2020): Recovery und Empowerment. Köln.

KNUF, A.; SEIBERT, U. (2000): Selbstbefähigung fördern. Empowerment und psychiatrische Arbeit. Bonn.

Kozel, B. (2015): Professionelle Pflege bei Suizidalität. Köln.

Macho, T. (2017): Das Leben nehmen. Suizid in der Moderne. Berlin.

Melle, T. (2016): Die Welt im Rücken. Berlin.

Menzel, S.; Brieger, P. (2021): Umgang mit Suizid in psychiatrischen Einrichtungen. Köln.

Minois, G. (1996/1995): Geschichte des Selbstmords. Düsseldorf.

Otzelberger, M. (2013): Suizid. Das Trauma der Hinterbliebenen. Erfahrungen und Auswege. München.

Peter, H. B.; Mösli, P. (Hg.) (2003): Suizid? Aus dem Schatten eines Tabus. Zürich.

Pirkis, J.; Burgess, P.; Jolley, D. (1999): Suicide attempts by psychiatric patients in acute inpatient, long-stay inpatient, and community care. In: *Social Psychiatry and Psychiatric Epidemiology*, 34, S. 634–644.

Pöldinger, W. (1968): Die Abschätzung der Suizidalität. Bern.

Rengier, R. (2021): Assistierter Suizid für psychisch Erkrankte. Die strafrechtliche Perspektive in Deutschland. In: Böhning, A. (Hg.): Assistierter Suizid für psychisch Erkrankte. Herausforderung für die Psychiatrie und Psychotherapie. Bern, S. 207–222.

Ringel, E. (2002/1953): Der Selbstmord. Abschluss einer krankhaften psychischen Entwicklung. Eschborn.

Schipkowensky, N. (1963): Mitgehen und Mitnehmen in den Tod. In: *Psychiatrie, Neurologie und medizinische Psychologie*, 15, S. 226–234.

Schneider, B. (2008): Risikofaktoren für Suizid. In: Wolfersdorf, M. u. a. (Hg.): Suizidalität. Verstehen – Vorbeugen – Behandeln. Regensburg, S. 119–128.

Schneider, B.; Sperling, U.; Wedler, H. (2011): Suizidprävention im Alter. Folien und Erläuterungen zur Aus-, Fort- und Weiterbildung. Mit CD-ROM. Frankfurt a. M.

Schneider, B.; Wetterling, T. (2016): Sucht und Suizidalität. Stuttgart.

Schöne-Seifert, B. (2020): Beim Sterben helfen – dürfen wir das? Berlin.

Seligman, M. (1999/1975): Erlernte Hilflosigkeit. Weinheim.

Statistisches Bundesamt (2021): Gesundheitsberichterstattung des Bundes. In: www.gbe-bund.de/gbe (Zugriff am 9. Dezember 2021).

Teismann, T.; Dorrmann, W. (2014): Suizidalität. Göttingen.

Teismann, T.; Forkmann, T.; Glaesmer, H. (Hg.) (2021): Suizidales Erleben und Verhalten. Ein Handbuch. Köln.

Till, B.; Niederkrotenthaler, T. (2019): Medien und Suizid: der aktuelle Forschungsstand zum Werther- und Papageno-Effekt – eine Übersichtsarbeit. In: *Ps14m,* 23, S. 120–128.

Wächtler, C. (2003): Suizid und Suizidalität im höheren Lebensalter. In: Förstl, H. (Hg.): Lehrbuch der Gerontopsychiatrie und -psychotherapie. Grundlagen, Klinik, Therapie. Stuttgart, S. 449–455.

Wedler, H. (2017): Suizid kontrovers. Wahrnehmungen in Medizin und Gesellschaft. Stuttgart.

WHO (2021): Suicide worldwide in 2019. Genf.

Willemsen, R. (Hg.) (2007/1986): Der Selbstmord. Briefe, Manifeste, literarische Texte. Stuttgart.

Wittwer, H. (2020): Das Leben beenden. Über die Ethik der Selbsttötung. Paderborn.

Wolfersdorf, M. (1995): Der Kliniksuizid. In: Faust, V. (Hg.): Psychiatrie. Ein Lehrbuch für Klinik, Praxis und Beratung. Stuttgart, S. 417–420.

Wolfersdorf, M. (2000): Der suizidale Patient in Klinik und Praxis. Stuttgart.

Wolfersdorf, M. (2015): Suizidbeihilfe bzw. ärztlich assistierter Suizid. Eine psychiatrische Position. In: *Nervenheilkunde,* 34, S. 451–458.

Wolfersdorf, M.; Bronisch, T.; Wedler, H. (Hg.) (2008): Suizidalität. Verstehen – Vorbeugen – Behandeln. Regensburg.

Wolfersdorf, M.; Vogel, R.; Vogl, R. u.a. (2016): Suizid im psychiatrischen Krankenhaus. Ergebnisse, Risikofaktoren, therapeutische Maßnahmen. In: *Nervenarzt,* 87, S. 474–482.

Wolfslast, G.; Schmidt, K. W. (Hg.) (2005): Suizid und Suizidversuch. Ethische und rechtliche Herausforderungen im klinischen Alltag. München.

Ziegler, W.; Hegerl, U. (2002): Der Werther-Effekt. Bedeutung, Mechanismen, Konsequenzen. In: *Nervenarzt,* 73, S. 41–49.

Internetseiten

DEUTSCHLAND:

Angehörige um Suizid (AGUS): **www.agus-selbsthilfe.de**

Deutsche Gesellschaft für Psychiatrie und Psychotherapie, Psychosomatik und Nervenheilkunde: **www.dgppn.de**

Deutsche Gesellschaft für Soziale Psychiatrie (DGSP): **www.psychiatrie.de** oder **www.dgsp.ev.de**

Deutsche Gesellschaft für Suizidprävention (DGS): **www.suizidprophylaxe.de**

Nationales Suizidpräventionsprogramm für Deutschland: **www.suizidpraevention-deutschland.de**

Stiftung Deutsche Depressionshilfe: **www.deutsche-depressionshilfe.de**

Telefonseelsorge: 0800 1110111, 0800 1110222 oder 116123; **www.telefonseelsorge.de**

ÖSTERREICH UND SCHWEIZ:

Österreichische Gesellschaft für Suizidprävention (ÖGS): **www.suizidpraevention.at**

Telefonseelsorge Österreich: **www.telefonseelsorge.at**

Initiative zur Prävention von Suizid in der Schweiz (Ipsilon): **www.ipsilon.ch**

Telefonseelsorge Schweiz: **www.tel-143.ch**

BERATUNGSANGEBOTE FÜR JUGENDLICHE:

www.kids-hotline.de
www.nethelp4u.de
www.neuhland.de
www.u25-beratung.de
www.youth-life-line.de